KUCHEN

60 Rezepte

einfach und köstlich

Moewig
Ein Verlag der Edel Germany GmbH

Titel der Originalausgabe: Tube Cakes
Texte© Carla Bardi

Diese Ausgabe erscheint bei der Edel Germany GmbH als Lizenzausgabe

Project Director Anne McRae
Art Director Marco Nardi
Photography Brent Parker Jones
Text Carla Bardi
Editing Foreign Concept
Food Styling Lee Blaylock
Layouts Aurora Granata

www.edel.com
2. Auflage 2015

Projektkoordination der deutschen Ausgabe: Julia Sommer
Übersetzung: Lisa Voges, Köln
Redaktion der deutschen Ausgabe: trans texas publishing services GmbH, Köln
Satz: lesezeichen Verlagsdienste, Köln
Covergestaltung: Groothuis, Gesellschaft für Ideen und Passionen mbH | www.groothuis.de

ISBN 978-3-86803-583-4

Printed in China

KUCHEN

60 Rezepte
einfach und köstlich

MOEWIG

Runde Kuchen

Die Kuchen in diesem Buch werden alle in einer runden Form, Kranz-, Napf-, Topf- oder Bundform genannt, gebacken. Viele Teigarten können in einer Kranz- oder Gugelhupfform oder alternativ in einer Springform mit Lochboden-Einsatz gebacken werden, und manche gelingen darin besonders gut, etwa Rührteige und solche, die rasch garen , wie luftig-lockere Baiser- und Biskuitmassen. Durch die kaminartige Öffnung in der Mitte wird die Hitze schnell in den Teig geleitet. Derselbe Teig in einer normalen Kuchenform könnte in der Mitte noch weich sein, während er am Rand schon zu dunkel wäre.

Runde Backformen gibt es in vielen Formen und Mustern. Das mittlere Loch kann größer oder kleiner sein. Standardkranzformen sind glattwandig, während andere auffällige Prägungen haben oder kanneliert sind, wie die bekannte Gugelhupfform, die dem fertigen Kuchen eine interessantere Optik verleiht. Die Backformen sind nicht teuer und in jedem Kaufhaus, Haushaltwarenladen oder online in vielen Materialien und Größen erhältlich. In diesem Band werden Standardgrößen (26–28 cm Ø) verwendet, mit denen Sie acht bis 15 Kuchenliebhaber glücklich machen können. Runde Kuchen sind bestens geeignet für besondere Gelegenheiten und Familienfeiern.

Übrig gebliebene Kuchenstücke halten sich in einem luftdicht schließenden Behälter ein bis zwei Tage. Manche Kuchen schmecken ein bis zwei Tage im Voraus zubereitet sogar noch besser und saftiger.

In diesem Band finden Sie rund 60 leckere Rezepte, jeweils mit Abbildung des ganzen Kuchens. So sehen Sie, wie das Prachtstück aussehen kann. Viel Spaß!

Oben und rechts: Kranzkuchen haben eine ausgezeichnete weiche Krume und Textur, weil sie durch die Hitze von innen und außen gleichmäßig garen.

Ein Engelskuchen ist ein luftig-lockerer Kuchen ohne Eigelb und Fett. Wahrscheinlich entstand er im 19. Jahrhundert in den USA, wo die holländische Gemeinde von Pennsylvania auf diese Weise übrig gebliebenes Eiweiß verwertet haben soll. Engelskuchen gelingt eigentlich immer, wenn Sie einige einfache Regeln beachten: Das Eiweiß sollte zimmerwarm sein. Rühren Sie es erst langsam, um möglichst viel Luft einzuarbeiten, und dann schneller, damit ein fester Schaum entsteht.

ENGELSKUCHEN ABKÜHLEN LASSEN UND AUS DER FORM LÖSEN

1. Wenn der Engelskuchen gar ist, ist er schön aufgegangen und goldbraun. Ein in die Mitte gestochener Holzspieß zur Garprobe kommt sauber und trocken wieder heraus. Die Oberfläche gibt auf leichten Fingerdruck elastisch nach. **2.** Die Form auf die Füßchen stürzen und vollständig erkalten lassen. Falls keine spezielle Form mit Füßchen verwendet wurde, eine Kranzform mit dem inneren Loch auf einen Trichter setzen oder ein paar Eierbecher unter den Rand schieben.

3. Zum Herauslösen mit einem langen Messer zwischen Kuchen und Form stechen und mit dem Messerrücken ringsum fahren. So wird die goldene Kruste nicht an- oder abgeschnitten. Den Kuchen auf eine Platte stürzen. Mit einem Messer mit Wellenschliff in sägenden Bewegungen in Stücke schneiden. Mit einem glatten Messer würde die Krume zerdrückt.

Heller **Grundteig**

450 g Weizenmehl • 1 TL Backpulver • ½ TL Backnatron • ½ TL Salz • 250 g weiche Butter • 400 g Zucker • 2 TL Vanillearoma • 5 Eier (Größe L) • 250 ml Milch

ERGIBT 10–12 STÜCKE **ZUBEREITUNG** 15 MINUTEN **GARZEIT** 50–60 MINUTEN

1

2

3

1. Eine Kranzform (26–28 cm Ø) mit Butter einfetten. Mit Mehl ausstäuben. Den Backofen auf 180 °C (Ober- und Unterhitze) vorheizen.

2. Mehl, Backpulver, Backnatron und Salz in eine große Schüssel sieben.

3. Butter und Zucker in der Küchenmaschine oder mit dem Handrührer bei mittlerer Geschwindigkeit hell und cremig rühren. Das Vanillearoma unterrühren.

4. Die Eier einzeln einarbeiten.

5. Bei niedriger Geschwindigkeit abwechselnd Mehlmischung und Milch unterrühren.

6. **Den Teig** in die vorbereitete Form füllen und glatt streichen.

7. Im vorgeheizten Backofen 50–60 Minuten bei 180 °C backen. Zur Garprobe einen Holzspieß einstechen; er sollte trocken und sauber wieder herauskommen.

8. **Den Kuchen** mit einem Messer vom Rand lösen und 10 Minuten abkühlen lassen.

9. **Den Kuchen** auf ein Kuchengitter stürzen und vollständig erkalten lassen.

450 g Weizenmehl • 1 TL Backpulver • 1/2 TL Backnatron • 1/2 TL Salz • 250 g weiche Butter • 400 g Zucker • 2 TL Vanilleessenz • 1 TL Bittermandelaroma • 5 Eier (Größe L) • 250 ml Milch

ERGIBT 10–12 STÜCKE • **ZUBEREITUNG** 15 MINUTEN • **GARZEIT** 55–65 MINUTEN

Einfacher Rührkuchen

1. Den Backofen auf 180 °C vorheizen. **2.** Eine Kranzform (26–28 cm Ø) mit Butter einfetten. Mit Mehl ausstäuben. **3. Mehl,** Backpulver, Backnatron und Salz in eine große Schüssel sieben. **4. Butter,** Zucker, Vanilleessenz und Bittermandelaroma in der Küchenmaschine oder mit dem Handmixer bei mittlerer Geschwindigkeit hell und cremig rühren. **5. Die Eier** einzeln sorgfältig einarbeiten. **6.** Bei niedriger Geschwindigkeit abwechselnd Mehlmischung und Milch unterrühren. **7. Den Teig** in die vorbereitete Form füllen. **8.** Im vorgeheizten Ofen 50–60 Minuten backen. Zur Garprobe einen Holzspieß einstechen; er sollte trocken und sauber wieder herauskommen. **9. Den Kuchen** mit einem Messer vom Rand der Form lösen und 10 Minuten abkühlen lassen. **10. Den Kuchen** auf ein Kuchengitter stürzen und vollständig erkalten lassen.

Sie können diesen einfachen Kuchen mit anderen Aromen geschmacklich variieren. Wie wäre es statt mit Vanilleessenz und Bittermandelaroma mit Kokosaroma oder Orangenblütenwasser. Oder geben Sie etwas fein abgeriebene Zitronen- oder Orangenschale und/oder 1 Teelöffel Gewürze wie Zimt, Ingwer, Muskat und/oder Piment dazu. Servieren Sie den Kuchen mit etwas Schlagsahne und ein paar klein geschnittenen Früchten.

• Wenn Sie dieses Rezept mögen, probieren Sie auch den Hellen Kranzkuchen auf Seite 10.

300 g Weizenmehl • 3/4 TL Backpulver •
1/4 TL Salz • 375 g weiche Butter • 400 g Zucker •
1 TL Vanilleessenz • 5 Eier (Größe L), getrennt • 90 ml Milch •
30 g Puderzucker, zum Bestäuben

ERGIBT 10–12 STÜCKE • **ZUBEREITUNG** 15 MINUTEN • **GARZEIT** 55–65 MINUTEN

Heller Kranzkuchen

1. Den Backofen auf 180 °C vorheizen. **2.** Eine Kranzform (26–28 cm Ø) mit Butter einfetten. Mit Mehl ausstäuben. **3. Mehl,** Backpulver und Salz in eine große Schüssel sieben. **4. Butter,** Zucker und Vanilleessenz in der Küchenmaschine oder mit dem Handmixer bei mittlerer Geschwindigkeit hell und cremig rühren. **5. Ein Eigelb** nach dem anderen sorgfältig einarbeiten. **6.** Bei niedriger Geschwindigkeit abwechselnd Mehlmischung und Milch unterrühren. **7. Das Eiweiß** in einer Schüssel bei hoher Geschwindigkeit steif schlagen. **8. Den Eischnee** mit einem Teigschaber unter den Teig heben. **9. Den Teig** in die vorbereitete Form füllen. **10.** Im vorgeheizten Ofen 55–65 Minuten backen. Zur Garprobe einen Holzspieß einstechen; er sollte trocken und sauber wieder herauskommen. **11. Den Kuchen** mit einem Messer vom Rand der Form lösen und 15 Minuten abkühlen lassen. **12. Den Kuchen** auf ein Kuchengitter stürzen und vollständig erkalten lassen. Mit dem Puderzucker bestäuben.

Diesen luftig-lockeren Rührkuchen werden Sie lieben.

• **Wenn Sie dieses Rezept mögen, probieren Sie auch den Einfachen Rührkuchen auf Seite 8.**

200 g Instantmehl • 400 g feiner brauner Zucker • 12 Eiweiß (Größe L) • 1½ TL Weinsteinbackpulver • ½ TL Salz • 2 TL Vanilleessenz • 30 g Puderzucker, zum Bestäuben

ERGIBT 8–12 STÜCKE • **ZUBEREITUNG** 30 MINUTEN • **GARZEIT** 40–50 MINUTEN

Goldener Engelskuchen

1. Den Backofen auf 180 °C vorheizen. **2.** Eine Engelskuchenform (oder Springform mit Locheinsatz; 26–28 cm Ø) mit herausnehmbarem Boden bereitstellen. **3. Das Mehl** mit 200 g Zucker in einer Schüssel mischen. **4. Das Eiweiß** mit Weinsteinbackpulver und Salz in einer großen Schüssel mit dem Handmixer bei mittlerer Geschwindigkeit schaumig rühren. **5.** Bei hoher Geschwindigkeit rühren, bis die Masse steif ist, und dabei den restlichen Zucker einrieseln lassen. Die Vanilleessenz unterrühren. **6.** Bei niedriger Geschwindigkeit nach und nach die Mehlmischung einarbeiten. **7.** Die Masse in die Form füllen. **8.** 40–50 Minuten backen, bis der Kuchen goldbraun ist und auf Fingerdruck elastisch nachgibt. **9. Den Kuchen** wie auf Seite 5 beschrieben abkühlen lassen und aus der Form lösen. **10.** Mit dem Puderzucker bestäuben.

Luftig und leicht – dieser einfache Engelskuchen ist wirklich ein himmlischer Genuss. Der Kuchen sollte nur mit einem Messer mit Wellenschliff geschnitten werden, eine glatte Klinge würde die Krume zerdrücken.

Wenn Sie dieses Rezept mögen, probieren Sie auch den Engelskuchen mit Lavendel & Rosen auf Seite 14

150 g Instantmehl • 225 g Puderzucker • 12 Eiweiß (Größe L) • $1^1/_2$ TL Weinsteinbackpulver • $^1/_4$ TL Salz • 200 g Zucker • 1 TL Vanilleessenz • Blütenblätter von 2 roten Rosen, grob gehackt • 2 EL getrockneter Lavendel • ganze Rosenblütenblätter, zum Garnieren

ERGIBT 10–12 STÜCKE • **ZUBEREITUNG** 20 MINUTEN • **GARZEIT** 30–40 MINUTEN

Engelskuchen
mit Lavendel & Rosen

1. Den Backofen auf 180 °C vorheizen. **2.** Eine Engelskuchenform (oder Springform mit Locheinsatz; 26–28 cm Ø) mit herausnehmbarem Boden bereitstellen. **3. Mehl** und Puderzucker in einer Schüssel mischen. **4. Das Eiweiß** mit Weinsteinbackpulver und Salz in einer großen Schüssel mit dem Handmixer bei mittlerer Geschwindigkeit schaumig rühren. **5.** Nun bei hoher Geschwindigkeit rühren, bis die Masse steif ist, und dabei den Zucker einrieseln lassen. Die Vanilleessenz unterrühren. **6. Mehlmischung,** gehackte Rosenblätter und Lavendel mit einem Teigschaber unterheben. **7. Den Teig** in die Form füllen. **8.** Im Ofen 30–40 Minuten backen, bis der Kuchen goldbraun und fest ist. **9. Den Kuchen** abkühlen lassen und aus der Form lösen. **10. Mit Blütenblättern** garnieren.

Rosenblätter, gleich welcher Farbe, sind grundsätzlich essbar, wobei dunklere meist intensiver schmecken. Entfernen Sie die bittere weiße Basis von den Blütenblättern. Achten Sie unbedingt darauf, dass die Rosen ungespritzt sind, und waschen Sie sie vor Gebrauch gründlich!

Wenn Sie dieses Rezept mögen, probieren Sie auch den Orangenblütenkuchen auf Seite 16.

300 g Weizenmehl • 1 TL Backpulver • ½ TL Salz • 75 g gemahlene Mandeln • 250 g weiche Butter • 350 g Zucker • 2 TL Orangenblütenwasser • 1 TL Bittermandelaroma • 5 Eier (Größe L) • 30 g Puderzucker, zum Bestäuben

ERGIBT 10–12 STÜCKE • **ZUBEREITUNG** 20 MINUTEN • **GARZEIT** 50–60 MINUTEN

Orangenblütenkuchen

1. Den Backofen auf 180 °C vorheizen. **2.** Eine Kranzform (26–28 cm Ø) mit Butter einfetten. Mit Mehl ausstäuben. **3. Mehl,** Backpulver und Salz in eine mittlere Schüssel sieben. Die Mandeln untermischen. **4. Butter,** Zucker, Orangenblütenwasser und Bittermandelaroma in der Küchenmaschine oder mit dem Handmixer bei mittlerer Geschwindigkeit hell und cremig rühren. **5. Die Eier** einzeln sorgfältig einarbeiten. **6.** Bei niedriger Geschwindigkeit nach und nach die Mehlmischung unterrühren. **7. Den Teig** in die vorbereitete Form füllen. **8.** 50–60 Minuten backen. Zur Garprobe einen Holzspieß einstechen; er sollte trocken und sauber wieder herauskommen. **9. Den Kuchen** mit einem Messer vom Rand lösen und 10 Minuten abkühlen lassen. **10. Den Kuchen** auf ein Kuchengitter stürzen und vollständig erkalten lassen. **11.** Vor dem Servieren mit dem Puderzucker bestäuben.

Orangenblütenwasser gibt es in der Apotheke. Der Kuchen schmeckt nicht nur zum Nachmittagskaffee, sondern auch schon zum Frühstück oder Brunch.

Wenn Sie dieses Rezept mögen, probieren Sie auch den Orangenrührkuchen auf Seite 20.

KUCHEN
400 g Weizenmehl • 3 TL Backpulver • 1/2 TL Salz • 250 g weiche Butter • 150 g Zucker • 2 EL fein abgeriebene Orangenschale • 5 Eier (Größe L)
ZITRUS-MANDEL-TOPPING
60 g Honig • 200 g gemischte kandierte Zitrusfrüchte, gehackt • 75 g Mandelblättchen • 1 TL gemahlener Ingwer

ERGIBT 10–12 STÜCKE • **ZUBEREITUNG** 20 MINUTEN • **GARZEIT** 30–40 MINUTEN

Orangenkuchen mit Zitrus-Mandel-Topping

KUCHEN **1.** Den Backofen auf 190 °C vorheizen. **2.** Eine Kranzform (26–28 cm Ø) mit Butter einfetten. Mit Mehl ausstäuben. **3. Mehl,** Backpulver und Salz in eine große Schüssel sieben. **4. Butter,** Zucker und Orangenschale in der Küchenmaschine oder mit dem Handmixer bei mittlerer Geschwindigkeit hell und cremig rühren. **5. Die Eier** einzeln sorgfältig einarbeiten. **6.** Bei niedriger Geschwindigkeit nach und nach die Mehlmischung unterrühren. **7. Den Teig** in die vorbereitete Form füllen. **8.** 30–40 Minuten backen. Zur Garprobe einen Holzspieß einstechen; er sollte trocken und sauber wieder herauskommen. **9. Den Kuchen** vollständig in der Form erkalten lassen, dann auf ein Kuchengitter stürzen.

ZITRUS-MANDEL-TOPPING **10. Den Honig** im Topf erwärmen. Kandierte Zitrusfrüchte, Mandelblättchen und Ingwer unterrühren. **11.** Die Mischung auf dem Kuchen verteilen und abkühlen lassen.

Mit seinem herrlich aromatischen Topping ist dieser Kuchen etwas ganz Besonderes für die kleine Kaffeerunde oder zum späten Sonntagsfrühstück.

Wenn Sie dieses Rezept mögen, probieren Sie auch den Zitrusrührkuchen auf Seite 42.

KUCHEN

300 g Weizenmehl • 2 TL Backpulver • 1/4 TL Salz • 150 g weiche Butter • 250 g zimmerwarmer Frischkäse • 2 EL fein abgeriebene Orangenschale • 350 g Zucker • 3 Eier (Größe L)

GLASUR

225 g Puderzucker • 1 EL Butter, in kleinen Stücken • 1 EL frisch gepresster Orangensaft • 1 TL fein abgeriebene Orangenschale • 2–3 EL kochendes Wasser

ERGIBT 10–12 STÜCKE • **ZUBEREITUNG** 20 MINUTEN • **GARZEIT** 40–50 MINUTEN

Orangenrührkuchen

KUCHEN **1.** Den Backofen auf 180 °C vorheizen. **2.** Eine Kranzform (26 cm Ø) mit Butter einfetten. Mit Mehl ausstäuben. **3. Mehl,** Backpulver und Salz in eine große Schüssel sieben. **4. Butter,** Frischkäse und Orangenschale mit dem Handmixer bei mittlerer Geschwindigkeit cremig rühren. **5. Den Zucker** unterrühren, bis die Masse hell und cremig ist. **6. Die Eier** einzeln sorgfältig einarbeiten. **7.** Bei niedriger Geschwindigkeit nach und nach die Mehlmischung unterrühren. **8. Den Teig** in die vorbereitete Form füllen. **9.** Im Ofen 40–50 Minuten backen. Zur Garprobe einen Holzspieß einstechen; er sollte trocken und sauber wieder herauskommen. **10. Den Kuchen** mit einem Messer vom Rand lösen und 10 Minuten abkühlen lassen. **11. Den Kuchen** auf ein Kuchengitter stürzen und vollständig erkalten lassen.

GLASUR **12. Puderzucker,** Butter, Orangensaft und -schale mit so viel kochendem Wasser verrühren, dass eine glatte, dickflüssige Masse entsteht. **13. Den Kuchen** mit der Glasur überziehen.

Sie können Orangenschale und -saft in diesem Rezept durch jeweils dieselben Mengen Zitronenschale und -saft ersetzen.

• **Wenn Sie dieses Rezept mögen, probieren Sie auch den Zitronenrührkuchen auf Seite 26.**

KUCHEN
300 g Weizenmehl • 2 TL Backpulver •
$1/4$ TL Salz • 300 g weiche Butter • 250 g Zucker •
2 EL fein abgeriebene Zitronenschale • 3 Eier (Größe L), getrennt •
250 ml Buttermilch
ZITRONENSIRUP
150 g Zucker • 90 ml frisch gepresster Zitronensaft • 60 ml Wasser

ERGIBT 8–12 STÜCKE • **ZUBEREITUNG** 20 MINUTEN • **GARZEIT** 45–55 MINUTEN

Zitronensirupkuchen

KUCHEN **1.** Den Backofen auf 180 °C vorheizen. **2.** Eine Kranzform (26 cm Ø) einfetten. Mit Mehl ausstäuben. **3. Mehl**, Backpulver und Salz in eine mittlere Schüssel sieben. **4. Butter**, Zucker und Zitronenschale in der Küchenmaschine oder mit dem Handmixer bei mittlerer Geschwindigkeit hell und cremig rühren. **5. Ein Eigelb** nach dem anderen sorgfältig einarbeiten. **6.** Bei niedriger Geschwindigkeit abwechselnd Mehlmischung und Buttermilch unterrühren. **7. Das Eiweiß** in einer Schüssel bei hoher Geschwindigkeit steif schlagen und mit einem Teigschaber unter den Teig heben. **8. Den Teig** in die vorbereitete Form füllen. **9.** Im vorgeheizten Ofen 45–55 Minuten backen. Zur Garprobe einen Holzspieß einstechen; er sollte trocken und sauber wieder herauskommen. **10. Den Kuchen** 10 Minuten in der Form abkühlen lassen. **11. Den Kuchen** auf ein Kuchengitter stürzen und das Kuchengitter auf ein Backblech setzen.

ZITRONENSIRUP **12. Zucker,** Zitronensaft und Wasser in einem Topf langsam zum Kochen bringen. **13.** Den noch warmen Kuchen mit dem Sirup beträufeln. Den im Backblech aufgefangenen Sirup mit einem Löffel erneut über den Kuchen träufeln, bis der gesamte Sirup aufgesogen ist.

Wenn Sie dieses Rezept mögen, probieren Sie auch den Limetten-Honig-Kuchen auf Seite 24.

Limetten-Honig-Kuchen

KUCHEN

375 g Instantmehl • 120 g Kokosraspel • 30 g gemahlene Mandeln • 2 TL Backpulver • 1/4 TL Salz • 250 g weiche Butter • 200 g Zucker • 1 EL fein abgeriebene Limettenschale • 1 TL Vanilleessenz • 3 Eier (Größe L) • 200 g Naturjoghurt • 2 EL frisch gepresster Limettensaft

LIMETTEN-HONIG-SIRUP

2 Limetten • 120 ml kaltes Wasser • 60 g Honig • 4 Kardamomkapseln

ERGIBT 10–12 STÜCKE • **ZUBEREITUNG** 20 MINUTEN • **GARZEIT** 45–55 MINUTEN

KUCHEN **1.** Den Backofen auf 180 °C vorheizen. **2.** Eine Kranzform (26–28 cm Ø) mit Butter einfetten. Mit Mehl ausstäuben. **3. Mehl,** Kokosraspel, Mandeln, Backpulver und Salz in eine große Schüssel sieben. **4. Butter,** Zucker, Limettenschale und Vanilleessenz in der Küchenmaschine oder mit dem Handmixer bei mittlerer Geschwindigkeit hell und cremig rühren. **5. Die Eier** einzeln sorgfältig einarbeiten. **6.** Bei niedriger Geschwindigkeit abwechselnd Mehlmischung, Joghurt und Limettensaft unterrühren. **7. Den Teig** in die vorbereitete Form füllen. **8.** 45–55 Minuten im Ofen backen. **9. Den Kuchen** 10 Minuten abkühlen lassen, dann auf ein Kuchengitter stürzen und das Kuchengitter auf ein Backblech setzen.

LIMETTEN-HONIG-SIRUP **10. Die Limetten** dünn schälen und auspressen. Die Schalen in feine Streifen schneiden. Den Limettensaft zusammen mit Limettenschalen, Wasser, Honig und Kardamom in einen Topf geben und 5 Minuten köcheln lassen. Den noch warmen Kuchen regelmäßig mit einem Holzspieß einstechen. **11. Den Kuchen** mit dem Sirup tränken. Den im Backblech aufgefangenen Sirup mit einem Löffel erneut über den Kuchen träufeln, bis er aufgesogen ist.

Dieser Kuchen schmeckt am besten lauwarm mit etwas Schlagsahne.

• **Wenn Sie dieses Rezept mögen, probieren Sie auch den Limettenrührkuchen auf Seite 38.**

KUCHEN

450 g Weizenmehl • 1 TL Backpulver • 1/2 TL Backnatron • 1/2 TL Salz • 250 g weiche Butter • 400 g Zucker • 2 EL fein abgeriebene Zitronenschale • 4 Eier (Größe L) • 180 ml Buttermilch • 1 EL frisch gepresster Zitronensaft

GLASUR

225 g Puderzucker • 1 EL Milch • 2 TL frisch gepresster Zitronensaft

ERGIBT 10–12 STÜCKE • **ZUBEREITUNG** 30 MINUTEN • **GARZEIT** 75–85 MINUTEN

Zitronenrührkuchen

KUCHEN **1.** Den Backofen auf 170 °C vorheizen. **2.** Eine Kranzform (28 cm Ø) mit Butter einfetten. Mit Mehl ausstäuben. **3. Mehl,** Backpulver, Backnatron und Salz in eine große Schüssel sieben. **4. Butter,** Zucker und Zitronenschale in der Küchenmaschine oder mit dem Handmixer bei mittlerer Geschwindigkeit hell und cremig rühren. **5. Die Eier** einzeln sorgfältig einarbeiten. **6.** Bei niedriger Geschwindigkeit abwechselnd Mehlmischung, Buttermilch und Zitronensaft unterrühren. **7. Den Teig** in die Form füllen. **8.** Im Ofen 75–85 Minuten backen. Zur Garprobe einen Holzspieß einstechen; er sollte trocken und sauber wieder herauskommen. **9. Den Kuchen** mit einem Messer behutsam vom Rand lösen und 10 Minuten abkühlen lassen. **10. Den Kuchen** auf ein Kuchengitter stürzen und erkalten lassen.

GLASUR **11. Puderzucker,** Milch und Zitronensaft in einer Schale glatt rühren und den Kuchen damit überziehen.

Wenn Sie gerade keine Buttermilch greifbar haben, mischen Sie einfach 250 ml Milch mit 1 Esslöffel Apfelessig oder Zitronensaft und messen Sie dann die benötigte Menge ab.

Wenn Sie dieses Rezept mögen, probieren Sie auch den Zitronen-Joghurt-Kuchen auf Seite 30.

KUCHEN

300 g Weizenmehl • 1 EL Backpulver • 1/2 TL Salz • 300 g Zucker • 120 ml Pflanzenöl • 1 EL fein abgeriebene Zitronenschale • 60 ml frisch gepresster Zitronensaft • 120 ml Milch • 6 Eiweiß (Größe L)

ZITRONENGLASUR

225 g Puderzucker • 1 EL klein gewürfelte Butter • 1 EL frisch gepresster Zitronensaft • 1 EL fein abgeriebene Zitronenschale • 2–3 EL kochendes Wasser

ERGIBT 10–12 STÜCKE • **ZUBEREITUNG** 30 MINUTEN • **GARZEIT** 55–65 MINUTEN

Zitronen-Chiffonkuchen

KUCHEN **1.** Den Ofen auf 170 °C vorheizen. **2.** Eine Kranzform (26–28 cm Ø) mit Butter einfetten. Mit Mehl ausstäuben. **3. Mehl,** Backpulver und Salz in eine große Schüssel sieben. Erst Zucker, dann Öl, Zitronenschale und -saft sowie Milch unterrühren. **4. Das Eiweiß** in einer Schüssel bei hoher Geschwindigkeit steif schlagen. **5. Den Eischnee** mit einem Teigschaber unter den Teig heben. **6. Den Teig** in die vorbereitete Form füllen. **7.** Im Ofen 55–65 Minuten backen. Zur Garprobe einen Holzspieß einstechen; er sollte trocken wieder herauskommen. **8. Den Kuchen** wie auf Seite 5 beschrieben abkühlen lassen und stürzen.

ZITRONENGLASUR **9. Puderzucker,** Butter, Zitronensaft und -schale mit so viel kochendem Wasser verrühren, dass eine dickflüssige Masse entsteht. **10.** Über den erkalteten Kuchen träufeln.

Ein Chiffonkuchen ist besonders leicht und luftig. Er wird ohne Eigelb und mit Pflanzenöl statt Butter hergestellt. Er wurde erstmals 1927 in Kalifornien von Harry Baker zubereitet. Wenn Sie eine Engelskuchenform haben, können Sie den Kuchen gerne darin zubereiten.

Wenn Sie dieses Rezept mögen, probieren Sie auch den Französischen Zitronenkranz auf Seite 32.

Zitronen-Joghurt-Kuchen

KUCHEN
375 g Weizenmehl • 2 TL Backpulver • 1/4 TL Salz • 180 g weiche Butter • 250 g Zucker • 1 EL fein abgeriebene Zitronenschale • 4 Eier (Größe L), getrennt • 250 g Zitronenjoghurt

ZITRONENCREME
300 g Puderzucker • 3 EL zerlassene Butter • 2–3 EL frisch gepresster Zitronensaft • 2 EL kandierte Zitrone, grob gehackt

ERGIBT 8–12 STÜCKE • **ZUBEREITUNG** 20 MINUTEN • **GARZEIT** 45–55 MINUTEN

KUCHEN **1.** Den Backofen auf 170 °C vorheizen. **2.** Eine Kranzform (26–28 cm Ø) mit Butter einfetten. Mit Mehl ausstäuben. **3. Mehl,** Backpulver und Salz in eine mittlere Schüssel sieben. **4. Butter,** Zucker und Zitronenschale in der Küchenmaschine oder mit dem Handmixer bei mittlerer Geschwindigkeit hell und cremig rühren. **5. Ein Eigelb** nach dem anderen sorgfältig einarbeiten. **6.** Bei niedriger Geschwindigkeit abwechselnd Mehlmischung und Joghurt unterrühren. **7. Das Eiweiß** in einer Schüssel bei hoher Geschwindigkeit steif schlagen und mit einem Teigschaber unter den Teig heben. **8. Den Teig** in die vorbereitete Form füllen. **9.** Im Ofen 45–55 Minuten backen. Zur Garprobe einen Holzspieß einstechen; er sollte trocken und sauber wieder herauskommen. **10. Den Kuchen** in der Form 10 Minuten abkühlen lassen. **11. Den Kuchen** auf ein Kuchengitter stürzen und erkalten lassen.

ZITRONENCREME **12. Puderzucker** und Butter in einer Schüssel verrühren. So viel Zitronensaft einarbeiten, dass eine streichfähige Masse entsteht. **13. Den Kuchen** mit der Glasur bestreichen. Mit den kandierten Zitronen garnieren.

• Wenn Sie dieses Rezept mögen, probieren Sie auch den Buttrigen Zitronenkuchen auf Seite 34.

KUCHEN

350 g Weizenmehl • 2 TL Backpulver • 1/4 TL Salz • 250 g weiche Butter • 250 g Zucker • 2 EL fein abgeriebene Zitronenschale • 4 Eier (Größe L) • 2 EL frisch gepresster Zitronensaft

GLASUR

150 g Aprikosenkonfitüre • 250 g Puderzucker • 60 ml frisch gepresster Zitronensaft • kandierte Orangen, Zitronen und Limetten, zum Garnieren (optional)

ERGIBT 10–12 STÜCKE • **ZUBEREITUNG** 25 MINUTEN • **GARZEIT** 30–40 MINUTEN

Französischer Zitronenkranz

KUCHEN **1.** Den Ofen auf 200 °C vorheizen. **2.** Eine Kranzform (26 cm Ø) mit Butter einfetten. Mit Mehl ausstäuben. **3. Mehl,** Backpulver und Salz in eine mittlere Schüssel sieben. **4. Butter,** Zucker und Zitronenschale in der Küchenmaschine oder mit dem Handmixer bei mittlerer Geschwindigkeit hell und cremig rühren. **5. Die Eier** einzeln sorgfältig einarbeiten. **6.** Bei niedriger Geschwindigkeit abwechselnd Mehlmischung und den Zitronensaft unterrühren. **7. Den Teig** in die vorbereitete Form füllen. **8.** Im Ofen 30–40 Minuten backen. Zur Garprobe einen Holzspieß einstechen; er sollte trocken und sauber wieder herauskommen. **9. Den Kuchen** 10 Minuten in der Form abkühlen lassen. **10. Den Kuchen** auf ein Kuchengitter stürzen und vollständig erkalten lassen.

GLASUR **11. Die Aprikosenkonfitüre** in einem Topf bei niedriger Hitze glatt rühren und den Kuchen damit einstreichen. **12. Den Puderzucker** nur mit so viel Zitronensaft verrühren, dass eine dünne Glasur entsteht. Den Kuchen damit überziehen. **13.** Nach Belieben mit den kandierten Früchten garnieren.

• Wenn Sie dieses Rezept mögen, probieren Sie auch den Zitronensirupkuchen auf Seite 22.

KUCHEN

350 g Weizenmehl • 2 TL Backpulver •
1/4 TL Salz • 180 g weiche Butter • 250 g Zucker •
1 EL fein abgeriebene Zitronenschale • 1 TL Zitronenaroma •
1/2 TL Vanilleessenz • 4 Eier (Größe L) • 2 EL Milch

ZITRONENCREME

225 g Puderzucker • 2 EL zerlassene Butter • 1 TL Zitronenaroma • 1–2 EL frisch gepresster Zitronensaft • Zitronenzesten, zum Garnieren

ERGIBT 10–12 STÜCKE • **ZUBEREITUNG** 20 MINUTEN • **GARZEIT** 40–50 MINUTEN

Buttriger Zitronenkuchen

KUCHEN **1.** Den Ofen auf 180 °C vorheizen. **2.** Eine Kranzform (26–28 cm Ø) mit Butter einfetten. Mit Mehl ausstäuben. **3. Mehl,** Backpulver und Salz in eine mittlere Schüssel sieben. **4. Butter,** Zucker, Zitronenschale und -aroma sowie Vanilleessenz in der Küchenmaschine oder mit dem Handmixer bei mittlerer Geschwindigkeit hell und cremig rühren. **5. Die Eier** einzeln sorgfältig einarbeiten. **6.** Bei niedriger Geschwindigkeit abwechselnd Mehlmischung und Milch unterrühren. **7. Den Teig** in die vorbereitete Form füllen. **8.** Im Ofen 40–50 Minuten backen. Zur Garprobe einen Holzspieß einstechen; er sollte trocken und sauber wieder herauskommen. **9. Den Kuchen** 10 Minuten in der Form abkühlen lassen. **10. Den Kuchen** auf ein Kuchengitter stürzen und vollständig erkalten lassen.

ZITRONENCREME **11. Puderzucker,** Butter und Zitronenaroma in einer mittleren Schüssel verrühren. So viel Zitronensaft einarbeiten, dass eine streichfähige Masse entsteht. **12. Den Kuchen** mit der Creme bestreichen und mit den Zitronenzesten garnieren.

Ein toller fruchtig-saftiger Kuchen, der perfekt zu Tee oder Kaffee schmeckt.

Wenn Sie dieses Rezept mögen, probieren Sie auch den Limettenrührkuchen auf Seite 38.

Pazifiktraum

375 g Weizenmehl • 1 TL Backpulver • 1 TL Backnatron • 1/4 TL Salz • 120 g Kokosraspel • 120 g gemahlene Macadamianüsse • 180 g weiche Butter • 300 g Zucker • 1 TL Kokosaroma • 4 Eier (Größe L) • 400 g Ananas aus der Dose, abgetropft, klein gehackt • Puderzucker, zum Bestreuen

ERGIBT 10–12 STÜCKE • **ZUBEREITUNG** 20 MINUTEN • **GARZEIT** 65–75 MINUTEN

1. Den Backofen auf 180 °C vorheizen. **2.** Eine Kranzform (26–28 cm Ø) mit Butter einfetten. Mit Mehl ausstäuben. **3. Mehl,** Backpulver, Backnatron und Salz in eine große Schüssel sieben. Kokosraspel und Macadamianüsse untermischen. **4. Butter,** Zucker und Kokosaroma in der Küchenmaschine oder mit dem Handmixer bei mittlerer Geschwindigkeit hell und cremig rühren. **5. Die Eier** einzeln sorgfältig einarbeiten.

6. Bei niedriger Geschwindigkeit abwechselnd Mehlmischung und Ananas unterrühren. **7. Den Teig** in die vorbereitete Form füllen. **8.** Im vorgeheizten Ofen 65–75 Minuten backen. Zur Garprobe einen Holzspieß einstechen; er sollte trocken und sauber wieder herauskommen. **9. Den Kuchen** 10 Minuten in der Form abkühlen lassen, dann auf ein Kuchengitter stürzen und vollständig erkalten lassen. Vor dem Servieren mit Puderzucker bestreuen.

Die wunderbar exotischen Aromen Ananas und Kokos lassen von sonnigen pazifischen Inseln träumen.

• **Wenn Sie dieses Rezept mögen, probieren Sie auch den Ananas-Ingwer-Rührkuchen auf Seite 72.**

Limettenrührkuchen

KUCHEN
450 g Weizenmehl • 1 TL Backpulver •
1/2 TL Salz • 375 g weiche Butter • 600 g Zucker •
1 EL fein abgeriebene Limettenschale • 5 Eier (Größe L) •
250 ml Kondensmilch

LIMETTENGLASUR
300 g Puderzucker • 60 g Butter, zerlassen • 1–2 EL kochendes Wasser • 1 EL fein geschnittene Limettenschale

ERGIBT 10–12 STÜCKE • **ZUBEREITUNG** 20 MINUTEN • **GARZEIT** 70–80 MINUTEN

KUCHEN **1.** Den Ofen auf 180 °C vorheizen. **2.** Eine Kranzform (28 cm Ø) einfetten. Mit Mehl ausstäuben. **3. Mehl,** Backpulver und Salz in eine große Schüssel sieben. **4. Butter,** Zucker und Limettenschale mit dem Handmixer bei mittlerer Geschwindigkeit hell und cremig rühren. **5. Die Eier** einzeln sorgfältig einarbeiten. **6.** Bei niedriger Geschwindigkeit abwechselnd Mehlmischung und Kondensmilch unterrühren. **7. Den Teig** in die vorbereitete Form füllen. **8.** Im Ofen 70–80 Minuten backen. **9. Den Kuchen** mit einem Messer vom Rand der Form lösen und 10 Minuten abkühlen lassen. **10. Den Kuchen** auf ein Kuchengitter stürzen und vollständig erkalten lassen.

LIMETTENGLASUR **11. Puderzucker** und Butter in einer mittleren Schüssel verrühren. So viel Wasser einarbeiten, dass eine glatte Masse entsteht. **12. Den Kuchen** damit überziehen und mit der Limettenschale bestreuen.

Die in feine Streifen geschnittene Limettenschale ergibt eine hübsche Garnierung für diesen erfrischenden Kuchen.

Wenn Sie dieses Rezept mögen, probieren Sie auch den Limetten-Honig-Kuchen auf Seite 24.

300 g Weizenmehl • 1 TL Backpulver • 1/4 TL Salz • 150 g gemahlene Mandeln • 375 g weiche Butter • 600 g Zucker • 2 TL Bittermandelaroma • 1 TL Vanilleessenz • 6 Eier (Größe L) • 250 ml Milch • 60 g Mandelstifte

ERGIBT 10–12 STÜCKE • **ZUBEREITUNG** 20 MINUTEN • **GARZEIT** 75–85 MINUTEN

Mandelrührkuchen

1. Den Backofen auf 180 °C vorheizen. **2.** Eine Kranzform (28 cm Ø) mit Butter einfetten. Mit Mehl ausstäuben. **3. Mehl,** Backpulver und Salz in eine Schüssel sieben. Die gemahlenen Mandeln untermischen. **4. Butter,** Zucker, Bittermandelaroma und Vanilleessenz in der Küchenmaschine oder mit dem Handmixer bei mittlerer Geschwindigkeit hell und cremig rühren. **5. Die Eier** einzeln sorgfältig einarbeiten. **6.** Bei niedriger Geschwindigkeit abwechselnd Mehlmischung und Milch unterrühren. **7. Den Teig** in die vorbereitete Form füllen, glatt streichen und mit den Mandelstiften bestreuen. **8.** Im Ofen 75–85 Minuten backen. Zur Garprobe einen Holzspieß einstechen; er sollte trocken und sauber wieder herauskommen. **9. Den Kuchen** mit einem Messer vom Rand der Form lösen und 10 Minuten abkühlen lassen. **10. Den Kuchen** auf ein Kuchengitter stürzen und erkalten lassen.

Dieser saftige Rührkuchen kann mit verschiedenen anderen Aromen verfeinert werden. Nach Belieben können Sie die Mandelstifte weglassen und den Kuchen mit Puderzucker bestäuben.

● Wenn Sie dieses Rezept mögen, probieren Sie auch den Zitrusrührkuchen auf Seite 42.

KUCHEN

350 g Weizenmehl • 1/2 TL Backnatron • 1/2 TL Salz • 180 g weiche Butter • 250 g zimmerwarmer Frischkäse • 450 g Zucker • 1 TL Zitronenaroma • 1 TL Orangenaroma • 1 TL Vanilleessenz • 5 Eier (Größe L)

GLASUR

300 g Puderzucker • 60 g Butter, zerlassen • 1 EL fein abgeriebene Zitronenschale • 1 EL fein abgeriebene Orangenschale • 1–2 EL frisch gepresster Zitronensaft • Mandelblättchen, zum Garnieren (optional)

ERGIBT 12–15 STÜCKE • **ZUBEREITUNG** 30 MINUTEN • **GARZEIT** 80–90 MINUTEN

Zitrusrührkuchen

KUCHEN **1.** Den Backofen auf 170 °C vorheizen. **2.** Eine Kranzform (28 cm Ø) mit Butter einfetten. Mit Mehl ausstäuben. **3. Mehl,** Backnatron und Salz in eine große Schüssel sieben. **4. Butter,** Frischkäse, Zucker, Aromen und Vanilleessenz in der Küchenmaschine oder mit dem Handmixer bei mittlerer Geschwindigkeit hell und cremig rühren. **5. Die Eier** einzeln sorgfältig einarbeiten. **6.** Bei niedriger Geschwindigkeit nach und nach die Mehlmischung unterrühren, bis ein dicker Teig entstanden ist. **7. Den Teig** in die vorbereitete Form füllen. **8.** Im vorgeheizten Ofen 80–90 Minuten backen, dann die Garprobe machen. **9. Den Kuchen** mit einem Messer vom Rand der Form lösen und 10 Minuten abkühlen lassen. **10. Den Kuchen** auf ein Kuchengitter stürzen und vollständig erkalten lassen.

GLASUR **11. Puderzucker,** Butter, Zitronen- und Orangenschale in einer Schüssel verrühren. So viel Zitronensaft unterrühren, dass eine streichfähige Masse entsteht. **12. Den Kuchen** dick damit bestreichen. Nach Belieben noch mit Mandelblättchen garnieren.

Dieser Kuchen reicht auch für eine größere Personenzahl. Er kann ein bis zwei Tage im Voraus gebacken und in einem luftdicht schließenden Behälter aufbewahrt werden. Dadurch wird er noch aromatischer. Tragen Sie die Glasur erst kurz vor dem Servieren auf.

Wenn Sie dieses Rezept mögen, probieren Sie auch den Orangenrührkuchen auf Seite 20.

Kürbisrührkuchen

450 g Weizenmehl • 2 TL Backpulver • 1 TL Backnatron • 1 TL gemahlener Zimt • 1 TL gemahlener Ingwer • 1 TL gemahlene Muskatnuss • 1/2 TL Salz 450 g Zucker • 300 ml Pflanzenöl • 4 Eier (Größe L) • 500 g Kürbispüree • 60 g fein gehackte Pekannüsse • 50 g Puderzucker, zum Bestäuben

ERGIBT 10–12 STÜCKE • **ZUBEREITUNG** 20 MINUTEN • **GARZEIT** 70–80 MINUTEN

1. Den Backofen auf 190 °C vorheizen. **2.** Eine Kranzform (28 cm Ø) mit Butter einfetten. Mit Mehl ausstäuben. **3. Mehl,** Backpulver, Backnatron, Gewürze und Salz in eine große Schüssel sieben. **4. Zucker** und Öl in der Küchenmaschine oder mit dem Handmixer bei mittlerer Geschwindigkeit sorgfältig verrühren. **5. Die Eier** einzeln sorgfältig einarbeiten. **6.** Bei niedriger Geschwindigkeit abwechselnd Mehlmischung und Kürbispüree unterrühren. **7. Die Pekannüsse** mit einem Teigschaber unterheben. **8. Den Teig** in die Form füllen. **9.** Im Ofen 70–80 Minuten backen. Zur Garprobe einen Holzspieß einstechen; er sollte trocken und sauber wieder herauskommen. **10. Den Kuchen** mit einem Messer vom Rand der Form lösen und 10 Minuten abkühlen lassen. **11. Den Kuchen** auf ein Kuchengitter stürzen und erkalten lassen. Mit dem Puderzucker bestäuben.

Kürbispüree findet man in Dosen oder im Glas in Biosupermärkten oder über das Internet.

• **Wenn Sie dieses Rezept mögen, probieren Sie auch den Apfel-Kürbis-Kranz auf Seite 46.**

2 große Äpfel, geschält und gerieben • 1 EL frisch gepresster Zitronensaft • 300 g Weizenmehl • 1 1/2 TL Backpulver • 1/4 TL Backnatron • 1 TL gemahlener Zimt • 1 TL gemahlene Muskatnuss • 1/4 TL Salz • 120 g weiche Butter • 300 g Zucker • 2 Eier (Größe L) • 250 g Kürbispüree • 30 g Puderzucker, zum Bestäuben

ERGIBT 8–12 STÜCKE • **ZUBEREITUNG** 20 MINUTEN • **GARZEIT** 50–55 MINUTEN

Apfel-Kürbis-Kranz

1. Den Backofen auf 180 °C vorheizen. **2.** Eine Kranzform (26 cm Ø) mit Butter einfetten. Mit Mehl ausstäuben. **3. Die Äpfel** mit dem Zitronensaft mischen. **4. Mehl,** Backpulver, Backnatron, Gewürze und Salz in eine große Schüssel sieben. **5. Butter** und Zucker in der Küchenmaschine oder mit dem Handmixer bei mittlerer Geschwindigkeit hell und cremig rühren. **6. Die Eier** einzeln sorgfältig einarbeiten. **7.** Bei niedriger Geschwindigkeit Äpfel, Kürbispüree und Mehlmischung unterrühren. **8. Den Teig** in die vorbereitete Form füllen. **9.** Im vorgeheizten Ofen 50–55 Minuten backen. Zur Garprobe einen Holzspieß einstechen; er sollte trocken und sauber wieder herauskommen. **10. Den Kuchen** 10 Minuten in der Form abkühlen lassen, dann auf ein Kuchengitter stürzen und vollständig erkalten lassen. **11.** Mit dem Puderzucker bestäuben.

Dieser Kuchen schmeckt besonders im Herbst und Winter, wenn Äpfel und Kürbis Saison haben. Für das Kürbispüree einfach frischen Kürbis dünsten oder dämpfen und fein zerdrücken.

Wenn Sie dieses Rezept mögen, probieren Sie auch den Kürbisrührkuchen auf Seite 44.

Apfel-Gewürz-Kuchen

KUCHEN

500 g Weizenmehl • 2 TL Backnatron • 1 TL gemahlener Zimt • 1 TL gemahlener Ingwer • 1 TL gemahlene Muskatnuss • 1/2 TL gemahlene Gewürznelken • 1/2 TL Salz • 120 g weiche Butter • 400 g brauner Zucker • 2 Eier (Größe L) • 750 g ungesüßtes Apfelmus • 180 g entsteinte Datteln, gehackt • 120 g Walnusskerne, gehackt

CREME

120 g Butter • 200 g feiner brauner Zucker • 60 ml Milch • 300 g Puderzucker • 1 TL Vanilleessenz

ERGIBT 12–15 STÜCKE • **ZUBEREITUNG** 30 MINUTEN • **GARZEIT** 80–90 MINUTEN

KUCHEN **1.** Den Backofen auf 180 °C vorheizen. **2.** Eine Kranzform (28 cm Ø) mit Butter einfetten. Mit Mehl ausstäuben. **3. Mehl,** Backnatron, Gewürze und Salz in eine große Schüssel sieben. **4. Butter** und Zucker mit dem Handmixer bei mittlerer Geschwindigkeit hell und cremig rühren. **5. Die Eier** einzeln sorgfältig einarbeiten. **6.** Bei niedriger Geschwindigkeit abwechselnd Mehlmischung und Apfelmus unterrühren. Datteln und Nüsse mit dem Teigschaber unterheben. **7. Den Teig** in die vorbereitete Form füllen. **8.** Im vorgeheizten Ofen 80–90 Minuten backen. **9. Den Kuchen** mit einem Messer vom Rand der Form lösen und 10 Minuten abkühlen lassen. Auf ein Kuchengitter stürzen und vollständig erkalten lassen.

CREME **10. Butter** und Zucker in einem Topf zerlassen und 2 Minuten unter häufigem Rühren köcheln lassen. **11. Die Milch** unterrühren und erneut zum Köcheln bringen. Den Topf vom Herd nehmen und 5 Minuten abkühlen lassen. **12.** Die Masse in eine große Schüssel füllen. Puderzucker und Vanilleessenz unterrühren, bis die Masse cremig ist. **13. Den Kuchen** damit bestreichen.

• Wenn Sie dieses Rezept mögen, probieren Sie auch den Apfel-Walnuss-Kranz auf Seite 50.

375 g Weizenmehl · 1½ TL gemahlener Zimt · 1½ TL gemahlener Ingwer · ¾ TL Backpulver · ¼ TL Backnatron · ¼ TL Salz · 250 g weiche Butter · 300 g Zucker · 3 Eier (Größe L) · 2 TL Vanilleessenz · 350 g Äpfel, geschält und gerieben · 120 g Walnusskerne, grob gehackt

ERGIBT 10–12 STÜCKE · **ZUBEREITUNG** 20 MINUTEN · **GARZEIT** 55–65 MINUTEN

Apfel-Walnuss-Kranz

1. Den Backofen auf 180 °C vorheizen. **2.** Eine Kranzform (26–28 cm Ø) mit Butter einfetten. Mit Mehl ausstäuben. **3. Mehl,** Gewürze, Backpulver, Backnatron und Salz in eine große Schüssel sieben. **4. Butter,** Zucker, Eier und Vanilleessenz in der Küchenmaschine oder mit dem Handmixer bei mittlerer Geschwindigkeit glatt rühren. **5.** Bei niedriger Geschwindigkeit nach und nach die Mehlmischung unterrühren. **6. Äpfel** und fast alle Walnüsse unterziehen. **7. Den Teig** in die vorbereitete Form füllen, glatt streichen und mit den restlichen Walnüssen bestreuen. **8.** Im vorgeheizten Ofen 55–65 Minuten backen. Zur Garprobe einen Holzspieß einstechen; er sollte trocken und sauber wieder herauskommen. **9. Den Kuchen** mit einem Messer vom Rand der Form lösen und 10 Minuten abkühlen lassen. **10. Den Kuchen** auf ein Kuchengitter stürzen und vollständig erkalten lassen.

Sie können die Walnüsse auch durch gehackte Mandeln, Pekannüsse oder Haselnüsse ersetzen.

Wenn Sie dieses Rezept mögen, probieren Sie auch den Kaffeekuchen mit Walnusskruste auf Seite 86

400 g Weizenmehl • 2 TL Backpulver • 2 TL gemahlener Zimt • 1 TL gemahlener Ingwer • 1/2 TL Salz • 400 g Zucker • 300 ml Pflanzenöl • 250 g Apfelmus • 4 Eier (Größe L), getrennt • 2 EL heißes Wasser • 120 g Pekannusskerne, gehackt

ERGIBT 10–12 STÜCKE • **ZUBEREITUNG** 20 MINUTEN • **GARZEIT** 70–75 MINUTEN

Pekan-Apfel-Kranz

1. Den Backofen auf 180 °C vorheizen. **2.** Eine Kranzform (26–28 cm Ø) mit Butter einfetten. Mit Mehl ausstäuben. **3. Mehl,** Backpulver, Gewürze und Salz in eine große Schüssel sieben. **4. Zucker,** Öl, Apfelmus, Eigelb und Wasser in der Küchenmaschine oder mit dem Handmixer bei mittlerer Geschwindigkeit glatt rühren. **5.** Bei niedriger Geschwindigkeit nach und nach die Mehlmischung unterrühren. Die Pekannüsse mit einem Teigschaber unterheben. **6. Das Eiweiß** in einer Schüssel bei hoher Geschwindigkeit steif schlagen und unter den Teig heben. **7. Den Teig** in die vorbereitete Form füllen. **8.** Im vorgeheizten Ofen 70–75 Minuten backen. Zur Garprobe einen Holzspieß einstechen; er sollte trocken und sauber wieder herauskommen. **9. Den Kuchen** vollständig in der Form erkalten lassen.

Durch das Apfelmus wird der Kuchen wunderbar saftig. Sie können es selbst zubereiten: Dünsten Sie dazu aromatische gewürfelte Äpfel mit etwas mehr Wasser als für normales Mus und pürieren Sie sie anschließend.

Wenn Sie dieses Rezept mögen, probieren Sie auch den Apfel-Gewürz-Kuchen auf Seite 48.

KUCHEN

500 g Weizenmehl • 1 TL gemahlene Muskatnuss • 1/2 TL Backnatron • 1/2 TL Salz • 500 g weiche Butter • 600 g Zucker • 2 TL Vanilleessenz • 1 TL Bittermandelaroma • 6 Eier (Größe L) • 250 ml Milch

HIMBEERSAUCE

500 g Himbeeren, leicht zerdrückt • 50 g Zucker • 1 EL Crème de Cassis oder Orangenlikör

ERGIBT 10–12 STÜCKE • **ZUBEREITUNG** 30 MINUTEN • **GARZEIT** 80–90 MINUTEN

Rührkuchen mit Himbeersauce

KUCHEN **1.** Den Backofen auf 170 °C vorheizen. **2.** Eine Kranzform (28 cm Ø) mit Butter einfetten. Mit Mehl ausstäuben. **3. Mehl,** Muskatnuss, Backnatron und Salz in eine große Schüssel sieben. **4. Butter,** Zucker, Vanilleessenz und Bittermandelaroma mit dem Handmixer bei mittlerer Geschwindigkeit hell und cremig rühren. **5. Die Eier** einzeln sorgfältig einarbeiten. **6.** Bei niedriger Geschwindigkeit abwechselnd Mehlmischung und Milch unterrühren. **7. Den Teig** in die vorbereitete Form füllen. **8.** Im vorgeheizten Ofen 80–90 Minuten backen. Zur Garprobe einen Holzspieß einstechen; er sollte trocken und sauber wieder herauskommen. **9. Den Kuchen** mit einem Messer vom Rand lösen und 10 Minuten abkühlen lassen. **10. Den Kuchen** auf ein Kuchengitter stürzen und vollständig erkalten lassen.

HIMBEERSAUCE **11. Himbeeren,** Zucker und Likör in einer Schüssel verrühren, bis der Zucker sich aufgelöst hat. **12. Die Sauce** über den Kuchen gießen oder separat dazu reichen.

Die Himbeeren können durch Brombeeren oder Erdbeeren ersetzt werden. Nach Belieben können Sie die Sauce auch glatt pürieren.

Wenn Sie dieses Rezept mögen, probieren Sie auch den Brombeerrührkuchen auf Seite 56.

300 g Weizenmehl • 400 g Zucker • 180 ml Pflanzenöl • 180 g Naturjoghurt • 4 Eier (Größe L), leicht verquirlt • 75 g Weizenkleie • 120 g Instantmagermilchpulver • 1 TL Backpulver • 1 TL gemahlene Muskatnuss • 1 TL gemahlene Gewürznelken • 1/2 TL Backnatron • 1/4 TL Salz • 150 g frische Brombeeren plus einige zum Servieren • 60 g Walnusskerne, grob gehackt • 30 g Puderzucker, zum Bestäuben

ERGIBT 8–12 STÜCKE • **ZUBEREITUNG** 15 MINUTEN • **GARZEIT** 50–55 MINUTEN

Brombeerrührkuchen

1. Den Backofen auf 180 °C vorheizen. **2.** Eine Kranzform (26–28 cm Ø) mit Butter einfetten. Mit Mehl ausstäuben. **3. Mehl,** Zucker, Öl, Joghurt, Eier, Kleie, Milchpulver, Nelken, Backpulver, Muskatnuss, Natron und Salz in der Küchenmaschine oder mit dem Handmixer bei niedriger Geschwindigkeit glatt rühren. **4. Brombeeren** und Walnüsse mit dem Teigschaber unterheben. **5. Den Teig** in die Form füllen. **6.** Im vorgeheizten Ofen 50–55 Minuten backen. Zur Garprobe einen Holzspieß einstechen; er sollte trocken und sauber wieder herauskommen. **7. Den Kuchen** mit einem Messer vom Rand lösen und 10 Minuten abkühlen lassen. Auf ein Kuchengitter stürzen und vollständig erkalten lassen. **8.** Mit dem Puderzucker bestäuben und mit Brombeeren garniert servieren.

Ein toller spätsommerlicher Kuchen. Noch besser schmeckt er mit einer Kugel Vanilleeis.

Wenn Sie dieses Rezept mögen, probieren Sie auch den Blaubeer-Mokka-Streusel auf Seite 62.

Obstkranz

KUCHEN

150 g Weizenvollkornmehl · 250 g Weizenmehl · 1½ TL Backpulver · ½ TL Backnatron · 1 TL gemahlener Zimt · 1 TL gemahlener Ingwer · ¼ TL Salz · 180 g weiche Butter · 200 g feiner brauner Zucker · 1 EL fein geriebene Orangenschale · 2 Eier (Größe L) · 250 g Naturjoghurt · 1 EL frisch gepresster Orangensaft · 300 g klein gewürfelte Pfirsiche oder Aprikosen

STREUSEL

50 g Weizenmehl · 50 g brauner Zucker · 2 EL zerlassene Butter · 1 EL Weizenkeime · 1 EL fein abgeriebene Orangenschale · 1 TL gemahlener Zimt · 1 TL gemahlener Ingwer

ERGIBT 10–12 STÜCKE · **ZUBEREITUNG** 20 MINUTEN · **GARZEIT** 55–60 MINUTEN

KUCHEN **1.** Den Backofen auf 180 °C vorheizen. **2.** Eine Kranzform (26 cm Ø) mit Butter einfetten. Mit Mehl ausstäuben. **3. Beide Mehlsorten,** Backpulver, Backnatron, Gewürze und Salz in eine große Schüssel sieben. **4. Butter,** Zucker und Orangenschale in der Küchenmaschine oder mit dem Handmixer bei mittlerer Geschwindigkeit cremig rühren. **5. Die Eier** einzeln sorgfältig einarbeiten. **6.** Bei niedriger Geschwindigkeit abwechselnd Mehlmischung, Joghurt und Orangensaft unterrühren. **7.** Den Teig in die vorbereitete Form füllen und die Obststücke darauf geben.

STREUSEL **8. Alle Zutaten** für die Streusel in einer Schüssel feinkrümelig verreiben und auf dem Kuchenteig verteilen. **9.** Im vorgeheizten Ofen 55–60 Minuten backen. Zur Garprobe einen Holzspieß einstechen; er sollte trocken und sauber wieder herauskommen. **10. Den Kuchen** vollständig in der Form erkalten lassen. Dann vorsichtig auf ein Kuchengitter stürzen und wieder herumdrehen, sodass die Streuselseite oben ist.

Diesen Kuchen können Sie auch mit anderem klein geschnittenem Obst servieren. Lauwarm schmeckt er auch zu einem Brunch.

Wenn Sie dieses Rezept mögen, probieren Sie auch den Bananen-Streusel-Kranz auf Seite 94.

450 g Weizenmehl • 1 TL Backnatron • 1 TL gemahlener Zimt • ½ TL Salz • 250 g weiche Butter • 300 g Zucker • 2 TL Vanilleessenz • 3 Eier (Größe L) • 200 g Pfirsiche aus der Dose, abgetropft und grob gehackt, plus einige zum Garnieren • 120 g Walnusskerne, grob gehackt

ERGIBT 10–12 STÜCKE • **ZUBEREITUNG** 20 MINUTEN • **GARZEIT** 70–80 MINUTEN

Pfirsichrührkuchen

1. Den Backofen auf 170 °C vorheizen. **2.** Eine Kranzform (28 cm Ø) mit Butter einfetten. Mit Mehl ausstäuben. **3. Mehl,** Backnatron, Zimt und Salz in eine große Schüssel sieben. **4. Butter,** Zucker und Vanilleessenz mit dem Handmixer bei mittlerer Geschwindigkeit hell und cremig rühren. **5. Die Eier** einzeln sorgfältig einarbeiten. **6.** Bei niedriger Geschwindigkeit nach und nach die Mehlmischung unterrühren. Pfirsiche und Walnüsse mit einem Teigschaber unterheben. **7. Den Teig** in die vorbereitete Form füllen. **8.** Im Ofen 70–80 Minuten backen. Zur Garprobe einen Holzspieß einstechen; er sollte trocken und sauber wieder herauskommen. **9. Den Kuchen** mit einem Messer vom Rand der Form lösen und 10 Minuten abkühlen lassen. **10. Den Kuchen** auf ein Kuchengitter stürzen und erkalten lassen. Mit Pfirsichspalten garnieren.

Dieser Kuchen schmeckt auch lauwarm. Servieren Sie ihn mit Schlagsahne, Vanillecreme oder Vanilleeis.

Wenn Sie dieses Rezept mögen, probieren Sie auch den Obstkranz auf Seite 58.

Blaubeer-Mokka-Streusel

ERGIBT 10–12 STÜCKE • **ZUBEREITUNG** 20 MINUTEN • **GARZEIT** 55–65 MINUTEN

STREUSEL

200 g brauner Zucker • 100 g Weizenmehl • 1 TL gemahlener Zimt • 1/2 TL gemahlene Muskatnuss • 120 g kalte Butter, gewürfelt

KUCHEN

450 g Weizenmehl • 2 TL Backpulver • 1/2 TL Backnatron • 1/2 TL gemahlene Muskatnuss • 1/4 TL Salz • 180 g weiche Butter • 300 g Zucker • 1 TL Vanilleessenz • 3 Eier (Größe L) • 180 ml Milch • 200 g frische Blaubeeren

STREUSEL **1.** Den Backofen auf 180 °C vorheizen. **2.** Eine Kranzform (26–28 cm Ø) mit Butter einfetten. Mit Mehl ausstäuben. **3. Zucker,** Mehl, Gewürze und Butter mit dem Handmixer zu feinen Streuseln verarbeiten.

KUCHEN **4. Mehl,** Backpulver, Backnatron, Muskatnuss und Salz in eine große Schüssel sieben. **5. Butter,** Zucker und Vanilleessenz in der Küchenmaschine bei mittlerer Geschwindigkeit hell und cremig rühren. **6. Die Eier** einzeln sorgfältig einarbeiten. **7.** Bei niedriger Geschwindigkeit abwechselnd Mehlmischung und Milch unterrühren. **8. Die Blaubeeren** mit einem Teigschaber unterheben. **9. Den Teig** in die vorbereitete Form füllen, glatt streichen und die Streusel darauf verteilen. **10.** Im Ofen 55–65 Minuten backen. Zur Garprobe einen Holzspieß einstechen; er sollte trocken und sauber wieder herauskommen. **11. Den Kuchen** 15 Minuten in der Form abkühlen lassen. **12.** Auf ein Kuchengitter vorsichtig stürzen und sofort wieder umdrehen, sodass die Streuselseite wieder oben ist. Erkalten lassen.

Dieser Kuchen schmeckt auch lauwarm als Dessert. Servieren Sie ihn mit Schlagsahne oder einer Kugel Vanilleeis.

• **Wenn Sie dieses Rezept mögen, probieren Sie auch den Brombeerrührkuchen auf Seite 56.**

KUCHEN

400 g Weizenmehl • 2½ TL Backpulver • 1 TL gemahlener Ingwer • 1 TL gemahlene Muskatnuss • ½ TL Backnatron • ½ TL Salz • 250 ml Pflanzenöl • 250 g brauner Zucker • 3 Eier (Größe L) • 200 g Karotten, geraspelt • 120 g Haselnusskerne, grob gehackt • 2 EL Sonnenblumenkerne

ORANGENCREME

90 g zimmerwarmer Frischkäse • 2 EL weiche Butter • 1 EL fein abgeriebene Orangenschale plus etwas zum Garnieren • 225 g Puderzucker

ERGIBT 10–12 STÜCKE • **ZUBEREITUNG** 20 MINUTEN • **GARZEIT** 70–80 MINUTEN

Nuss-Rübli-Kranz

KUCHEN **1.** Den Backofen auf 180 °C vorheizen. **2.** Eine Kranzform (26–28 cm Ø) mit Butter einfetten. Mit Mehl ausstäuben. **3. Mehl,** Backpulver, Gewürze, Backnatron und Salz in eine große Schüssel sieben. **4. Öl,** Zucker und Eier in der Küchenmaschine oder mit dem Handmixer bei hoher Geschwindigkeit cremig rühren. **5.** Bei niedriger Geschwindigkeit Karotten, Haselnüsse, Sonnenblumenkerne und die Mehlmischung unterrühren. **6. Den Teig** in die vorbereitete Form füllen. **7.** Im vorgeheizten Ofen 70–80 Minuten backen. Zur Garprobe einen Holzspieß einstechen; er sollte trocken und sauber wieder herauskommen. **8. Den Kuchen** 10 Minuten in der Form abkühlen lassen. Dann auf ein Kuchengitter stürzen und vollständig erkalten lassen. ORANGENCREME **9. Frischkäse,** Butter und Orangenschale in einer Schüssel glatt rühren. Den Puderzucker einarbeiten. **10. Den Kuchen** mit der Orangencreme bestreichen und mit Orangenabrieb garnieren.

Diesen Kuchen können Sie auch lauwarm zum Frühstück oder Brunch servieren. Lassen Sie dann aber die Orangencreme weg.

Wenn Sie dieses Rezept mögen, probieren Sie auch den Zucchiniring mit Vanilleglasur auf Seite 66.

KUCHEN

**300 g Weizenmehl • 1 TL Backpulver •
1 TL gemahlener Zimt • 1 TL gemahlener Ingwer •
1/2 TL Backnatron • 1/4 TL Salz • 180 g weiche Butter • 200 g Zucker •
2 TL Vanilleessenz • 3 Eier (Größe L) • 150 g Zucchini, geraspelt •
90 g Rosinen**

VANILLEGLASUR

300 g Puderzucker • 2 EL Butter • 1 TL Vanilleessenz • 2 EL kochendes Wasser

ERGIBT 8–12 STÜCKE • **ZUBEREITUNG** 20 MINUTEN • **GARZEIT** 35–45 MINUTEN

Zucchiniring mit Vanilleglasur

KUCHEN **1.** Den Backofen auf 180 °C vorheizen. **2.** Eine Kranzform (26 cm Ø) mit Butter einfetten. Mit Mehl ausstäuben. **3. Mehl,** Backpulver, Gewürze, Backnatron und Salz in eine mittlere Schüssel sieben. **4. Butter,** Zucker und Vanilleessenz mit dem Handmixer bei mittlerer Geschwindigkeit hell und cremig rühren. **5. Die Eier** einzeln sorgfältig einarbeiten. **6.** Bei niedriger Geschwindigkeit nach und nach die Mehlmischung unterrühren. Die Zucchini mit einem Teigschaber unterheben. **7. Den Teig** in die vorbereitete Form füllen. **8.** Im Ofen 35–45 Minuten backen. Zur Garprobe einen Holzspieß einstechen; er sollte trocken und sauber wieder herauskommen. **9. Den Kuchen** 10 Minuten in der Form abkühlen lassen. Dann auf ein Kuchengitter stürzen und vollständig erkalten lassen.

VANILLEGLASUR **10. Puderzucker,** Butter und Vanilleessenz in einer Schüssel mit so viel Wasser verrühren, dass eine glatte, dickflüssige Masse entsteht. **11. Den Kuchen** damit überziehen.

Wie auch der Nuss-Rübli-Kranz schmeckt dieser Kuchen am nächsten Tag noch besser, wenn er schön durchgezogen ist. Glasieren Sie ihn etwa eine Stunde vor dem Servieren.

Wenn Sie dieses Rezept mögen, probieren Sie auch den Joghurtkuchen mit Zitronen-Gewürz-Glasur auf S

TOPPING

60 g Walnusskerne, grob gehackt • 50 g brauner Zucker • 1 TL gemahlener Zimt

KUCHEN

400 g Weizenmehl • 1 TL Backpulver • 1 TL Backnatron • 1/4 TL Salz • 180 g weiche Butter • 200 g Zucker • 1 TL Vanilleessenz • 3 Eier (Größe L) • 250 ml Buttermilch

ERGIBT 8–12 STÜCKE • **ZUBEREITUNG** 20 MINUTEN • **GARZEIT** 45–55 MINUTEN

Zimt-Walnuss-Ring

TOPPING **1.** Den Backofen auf 180 °C vorheizen. **2.** Eine Kranzform (26 cm Ø) mit Butter einfetten. Mit Mehl ausstäuben. **3. Walnüsse,** Zucker und Zimt in einer Schale vermengen und den Boden der Backform damit ausstreuen.

KUCHEN **4. Mehl,** Backpulver, Backnatron und Salz in eine große Schüssel sieben. **5. Butter,** Zucker und Vanilleessenz in der Küchenmaschine oder mit dem Handmixer bei mittlerer Geschwindigkeit hell und cremig rühren. **6. Die Eier** einzeln sorgfältig einarbeiten. **7.** Bei niedriger Geschwindigkeit abwechselnd Mehlmischung und Buttermilch unterrühren. **8. Den Teig** in die Form füllen. **9.** Im vorgeheizten Ofen 45–55 Minuten backen. Zur Garprobe einen Holzspieß einstechen; er sollte trocken und sauber wieder herauskommen. **10. Den Kuchen** 15 Minuten in der Form abkühlen lassen. Dann auf ein Kuchengitter stürzen und vollständig erkalten lassen.

Sie können diesen Kuchen auch mit anderen gehackten Nüssen zubereiten.

• Wenn Sie dieses Rezept mögen, probieren Sie auch den Nussrührkuchen auf Seite 104.

Aprikosen-Dattel-Kranz

ERGIBT 10–12 STÜCKE • **ZUBEREITUNG** 20 MINUTEN • **GARZEIT** 45–55 MINUTEN

KUCHEN

120 g weiche Butter • 200 g Zucker • 2 TL Vanilleessenz • 3 Eier (Größe L) • 300 g Mehl • 2 TL Backpulver • 1/2 TL Backnatron • 150 g saure Sahne • 90 g getrocknete Aprikosen, grob gehackt • 90 g entsteinte getrocknete Datteln, grob gehackt

STREUSEL

100 g brauner Zucker • 2 EL kalte gewürfelte Butter • 2 EL Weizenmehl • 1 TL gemahlener Zimt • 1/2 TL gemahlene Muskatnuss

KUCHEN **1.** Den Ofen auf 180 °C vorheizen. **2.** Eine Kranzform (26 cm Ø) mit Butter einfetten. Mit Mehl ausstäuben. **3. Butter,** Zucker und Vanilleessenz mit dem Handmixer hell und cremig rühren. **4. Die Eier** einzeln sorgfältig einarbeiten. **5.** Bei niedriger Geschwindigkeit nach und nach Mehl, Backpulver und Backnatron abwechselnd mit der sauren Sahne unterrühren. **6. Aprikosen** und Datteln mit einem Teigschaber unterheben. **7. Den Teig** in die vorbereitete Form füllen.

STREUSEL **8. Zucker,** Butter, Mehl und Gewürze in einer Schüssel mit den Fingern feinkrümelig verreiben und auf dem Kuchenteig verteilen. **9.** Im vorgeheizten Ofen 45–55 Minuten backen. Zur Garprobe einen Holzspieß einstechen; er sollte trocken und sauber wieder herauskommen. **10. Den Kuchen** 10 Minuten in der Form abkühlen lassen. Dann vorsichtig auf ein Kuchengitter stürzen, sofort wieder drehen, damit die Streuselseite oben ist, und vollständig erkalten lassen.

Sie können die Trockenfrüchte variieren. Probieren Sie doch mal getrocknete Cranberrys und Datteln oder Rosinen und Aprikosen.

Wenn Sie dieses Rezept mögen, probieren Sie auch den Ingwer-Nuss-Rührkuchen auf Seite 74.

450 g Weizenmehl • 2 TL gemahlener Ingwer • 1 TL Backpulver • 1/2 TL Salz • 250 g weiche Butter • 350 g Zucker • 1 TL Bittermandelaroma • 6 Eier (Größe L) • 150 g Ananasstücke aus der Dose, abgetropft und klein gehackt • 60 ml Milch • 40 g grob gehackter kandierter Ingwer • Puderzucker, zum Bestäuben

ERGIBT 10–12 STÜCKE • **ZUBEREITUNG** 20 MINUTEN • **GARZEIT** 65–75 MINUTEN

Ananas-Ingwer-Rührkuchen

1. Den Backofen auf 170 °C vorheizen. **2.** Eine Kranzform (28 cm Ø) mit Butter einfetten. Mit Mehl ausstäuben. **3. Mehl,** Ingwer, Backpulver und Salz in eine große Schüssel sieben. **4. Butter,** Zucker und Bittermandelaroma in der Küchenmaschine oder mit dem Handmixer bei mittlerer Geschwindigkeit hell und cremig rühren. **5. Die Eier** einzeln sorgfältig einarbeiten. **6.** Bei niedriger Geschwindigkeit nach und nach Ananas und Mehlmischung abwechselnd mit der Milch unterrühren. Den Ingwer mit einem Teigschaber unterheben. **7. Den Teig** in die vorbereitete Form füllen. **8.** Im Ofen 65–75 Minuten backen. Zur Garprobe einen Holzspieß einstechen; er sollte trocken und sauber wieder herauskommen. **9. Den Kuchen** mit einem Messer vom Rand der Form lösen und 10 Minuten abkühlen lassen. **10. Den Kuchen** auf ein Kuchengitter stürzen und vollständig erkalten lassen. Mit Puderzucker bestäuben.

Dieser Kuchen schmeckt am nächsten Tag noch besser.

Wenn Sie dieses Rezept mögen, probieren Sie auch den Hawaiianischen Rührkuchen auf Seite 96.

90 g Walnusskerne, fein gehackt • 350 g Weizenmehl • 2 TL gemahlener Ingwer • 1½ TL Backpulver • ¼ TL Salz • 250 g weiche Butter • 300 g Zucker • 250 g zimmerwarmer Frischkäse • 2 TL Vanilleessenz • 4 Eier (Größe L) • 90 g grob gehackter kandierter Ingwer

ERGIBT 10–12 STÜCKE • **ZUBEREITUNG** 20 MINUTEN • **GARZEIT** 80–90 MINUTEN

Ingwer-Nuss-Rührkuchen

1. Den Backofen auf 170 °C vorheizen. **2.** Eine Kranzform (26–28 cm Ø) mit Butter einfetten. Mit Mehl ausstäuben und die Walnüsse darin verteilen. **3. Mehl,** gemahlenen Ingwer, Backpulver und Salz in eine große Schüssel sieben. **4. Butter,** Zucker, Frischkäse und Vanilleessenz in der Küchenmaschine oder mit dem Handmixer bei mittlerer Geschwindigkeit hell und cremig rühren. **5. Die Eier** einzeln sorgfältig einarbeiten. **6.** Bei niedriger Geschwindigkeit nach und nach Mehlmischung und fast den ganzen gehackten Ingwer unterrühren. **7. Den Teig** in die vorbereitete Form füllen, glatt streichen und mit dem restlichen gehackten Ingwer bestreuen. **8.** Im vorgeheizten Ofen 80–90 Minuten backen. Zur Garprobe einen Holzspieß einstechen; er sollte trocken und sauber wieder herauskommen. **9. Den Kuchen** mit einem Messer vom Rand der Form lösen und 10 Minuten abkühlen lassen. **10. Den Kuchen** auf ein Kuchengitter stürzen und vollständig erkalten lassen.

Nach Belieben können Sie den Kuchen noch warm mit 2–3 Esslöffeln Rum beträufeln.

Wenn Sie dieses Rezept mögen, probieren Sie auch den Ananas-Ingwer-Rührkuchen auf Seite 72.

KUCHEN

450 g Weizenmehl • 1 TL Backpulver • 1/2 TL Salz • 150 g Kokosraspel • 250 g weiche Butter • 400 g Zucker • 1 TL Vanilleessenz • 1 TL Zitronenaroma • 6 Eier (Größe L) • 250 ml Milch • 250 g entsteinte getrocknete Datteln, gehackt • 120 g Pekannusskerne, grob gehackt

ZITRONENCREME

250 g zimmerwarmer Frischkäse • 60 g weiche Butter • 2 TL Zitronenaroma • 300 g Puderzucker

ERGIBT 12–15 STÜCKE • **ZUBEREITUNG** 30 MINUTEN • **GARZEIT** 70–75 MINUTEN

Dattel-Nuss-Kranz

KUCHEN **1.** Den Backofen auf 170 °C vorheizen. **2.** Eine Kranzform (28 cm Ø) mit Butter einfetten. Mit Mehl ausstäuben. **3. Mehl,** Backpulver und Salz in eine große Schüssel sieben. Die Kokosraspel untermischen. **4. Butter,** Zucker, Vanilleessenz und Zitronenaroma mit dem Handmixer bei mittlerer Geschwindigkeit hell und cremig rühren. **5. Die Eier** einzeln sorgfältig einarbeiten. **6.** Bei niedriger Geschwindigkeit abwechselnd Mehlmischung und Milch unterrühren. **7. Datteln** und Pekannüsse mit einem Teigschaber unterheben. **8. Den Teig** in die vorbereitete Form füllen. **9.** Im vorgeheizten Ofen 70–75 Minuten backen. Zur Garprobe einen Holzspieß einstechen; er sollte trocken und sauber wieder herauskommen. **10. Den Kuchen** mit einem Messer vom Rand der Form lösen und 10 Minuten abkühlen lassen. Dann auf ein Kuchengitter stürzen und vollständig erkalten lassen.

ZITRONENCREME **11. Frischkäse,** Butter und Zitronenaroma in einer Schüssel glatt und cremig rühren. Nach und nach den Puderzucker einarbeiten. **12. Den Kuchen** dick damit bestreichen.

Mit diesem Kuchen können Sie auch eine größere Anzahl an Kaffeegästen glücklich machen.

• **Wenn Sie dieses Rezept mögen, probieren Sie auch den Nuss-Rübli-Kranz auf Seite 64.**

450 g Weizenmehl • 2 TL Backpulver •
1/2 TL Backnatron • 1/2 TL Salz • 400 g Zucker •
250 ml Buttermilch • 250 g Butter, zerlassen und leicht abgekühlt •
4 Eier (Größe L) • 2 TL Vanilleessenz • 1 TL Karamellaroma

ERGIBT 10–12 STÜCKE • **ZUBEREITUNG** 15 MINUTEN • **GARZEIT** 50–60 MINUTEN

Karamellrührkuchen

1. Den Backofen auf 170 °C vorheizen. **2.** Eine Kranzform (26–28 cm Ø) mit Butter einfetten. Mit Mehl ausstäuben. **3. Mehl,** Backpulver, Backnatron und Salz in eine Schüssel sieben. Den Zucker untermischen. **4. Buttermilch,** Butter, Eier, Vanilleessenz und Karamellaroma mit dem Handmixer bei niedriger Geschwindigkeit sorgfältig unterrühren. **5. Den Teig** in die vorbereitete Form füllen. **6.** Im vorgeheizten Ofen 50–60 Minuten backen. Zur Garprobe einen Holzspieß einstechen; er sollte trocken und sauber wieder herauskommen. **7. Den Kuchen** mit einem Messer vom Rand der Form lösen und 10 Minuten abkühlen lassen. **8. Den Kuchen** auf ein Kuchengitter stürzen und vollständig erkalten lassen.

Karamellaroma gibt es in gut sortierten Supermärkten, im Onlinehandel oder in Küchenshops.

● Wenn Sie dieses Rezept mögen, probieren Sie auch den Hellen Kranzkuchen auf Seite 10.

Ingwerkranz mit Karamellglasur

KUCHEN
375 g Weizenmehl • 1 EL gemahlener Ingwer • 2 TL Backpulver • ½ TL Backnatron • ¼ TL Salz • 180 g weiche Butter • 150 g Zucker • 3 Eier (Größe L) • 180 ml Zuckerrübensirup • 120 ml Milch

KARAMELLGLASUR
60 g Butter, gewürfelt • 100 g brauner Zucker • 60 ml Milch • 225 g Puderzucker • 1 TL Vanilleessenz

ERGIBT 8–12 STÜCKE • **ZUBEREITUNG** 30 MINUTEN • **GARZEIT** 50–60 MINUTEN

KUCHEN **1.** Den Backofen auf 180 °C vorheizen. **2.** Eine Kranzform (26 cm Ø) mit Butter einfetten. Mit Mehl ausstäuben. **3. Mehl**, Ingwer, Backpulver, Backnatron und Salz in eine Schüssel sieben. **4. Butter** und Zucker in der Küchenmaschine oder mit dem Handmixer bei mittlerer Geschwindigkeit hell und cremig rühren. **5. Die Eier** einzeln sorgfältig einarbeiten. Nach und nach den Zuckerrübensirup unterrühren. **6.** Bei niedriger Geschwindigkeit abwechselnd Mehlmischung und Milch unterrühren. **7. Den Teig** in die vorbereitete Form füllen. **8.** Im vorgeheizten Ofen 50–60 Minuten backen. Zur Garprobe einen Holzspieß einstechen; er sollte trocken und sauber wieder herauskommen. **9. Den Kuchen** mit einem Messer vom Rand der Form lösen und 10 Minuten abkühlen lassen. Dann auf ein Kuchengitter stürzen und vollständig erkalten lassen.

KARAMELLGLASUR **10. Butter** und Zucker in einem Topf bei niedriger Hitze rühren, bis der Zucker sich aufgelöst hat. Die Milch zugießen und 2 Minuten rühren. **11.** In eine Schüssel füllen und nach und nach Puderzucker und Vanilleessenz unterrühren. **12. Den Kuchen** damit einstreichen.

● Wenn Sie dieses Rezept mögen, probieren Sie auch den Orangenkuchen mit Zitrus-Mandel-Topping auf Seite

KUCHEN

375 g Weizenmehl • 1½ TL Backpulver • ½ TL Backnatron • ½ TL Salz • 250 g weiche Butter • 250 g Zucker • 120 g Honig • 2 TL Vanilleessenz • 4 Eier (Größe L) • 180 g saure Sahne

FÜLLUNG

200 g brauner Zucker • 2 TL gemahlener Zimt • 1 TL gemahlener Ingwer

ERGIBT 10–12 STÜCKE • **ZUBEREITUNG** 25 MINUTEN • **GARZEIT** 70–80 MINUTEN

Honig-Gewürz-Kranz

KUCHEN **1.** Den Backofen auf 170 °C vorheizen. **2.** Eine Kranzform (26 cm Ø) mit Butter einfetten. Mit Mehl ausstäuben. **3. Mehl,** Backpulver, Backnatron und Salz in eine mittlere Schüssel sieben. **4. Butter,** Zucker, Honig und Vanilleessenz in der Küchenmaschine oder mit dem Handmixer bei mittlerer Geschwindigkeit hell und cremig rühren. **5. Die Eier** einzeln sorgfältig einarbeiten. **6.** Bei niedriger Geschwindigkeit abwechselnd Mehlmischung und saure Sahne unterrühren. **7.** Die Hälfte des Teiges in die vorbereitete Form füllen und glatt streichen.

FÜLLUNG **8. Zucker,** Zimt und Ingwer in einer Schale sorgfältig mischen und den Teig in der Form damit bestreuen. Den restlichen Teig darübergeben. **9.** Im vorgeheizten Ofen 70–80 Minuten backen. Zur Garprobe einen Holzspieß einstechen; er sollte trocken und sauber wieder herauskommen. **10. Den Kuchen** mit einem Messer vom Rand der Form lösen und 10 Minuten abkühlen lassen. **11.** Auf ein Kuchengitter stürzen und vollständig erkalten lassen.

Die süßwürzigen Aromen dieses Kuchens machen sich perfekt zu einer Tasse Kaffee.

• Wenn Sie dieses Rezept mögen, probieren Sie auch den Zimt-Walnuss-Ring auf Seite 68.

KUCHEN
450 g Weizenmehl • 1 TL Backpulver • 1/3 TL Salz • 250 g weiche Butter • 200 g Zucker • 5 Eigelb (Größe L) • 1 TL Vanilleessenz • 250 ml Milch • 300 g Himbeerkonfitüre

MAKRONENMASSE
3 Eiweiß (Größe L) • 50 g Zucker • 60 g Kokosraspel • 1/2 TL Bittermandelaroma

ERGIBT 10–12 STÜCKE • **ZUBEREITUNG** 25 MINUTEN • **GARZEIT** 40–50 MINUTEN

Makronenkranz

KUCHEN **1.** Den Backofen auf 180 °C vorheizen. **2.** Eine Kranzform (26–28 cm Ø) mit Butter einfetten. Mit Mehl ausstäuben. **3. Mehl,** Backpulver und Salz in eine große Schüssel sieben. **4. Die Butter** in einem Topf bei niedriger Hitze zerlassen. In eine Rührschüssel füllen und Zucker, Eigelb und Vanilleessenz unterrühren. **5.** Abwechselnd Mehlmischung und Milch unterrühren. **6. Den Teig** in die Form füllen. **7. Die Himbeerkonfitüre** in Klecksen darauf verteilen.

MAKRONENMASSE **8. Das Eiweiß** in einer Schüssel schaumig aufschlagen. Den Zucker einrieseln lassen und rühren, bis die Masse steif und glänzend ist. **9. Kokosraspel** und Bittermandelaroma unterheben. **10. Die Makronenmasse** auf dem Teig verstreichen. **11.** 40–50 Minuten backen. **12. Den Kuchen** 10 Minuten in der Form abkühlen lassen. Dann vorsichtig auf ein Kuchengitter stürzen, sofort wieder wenden, damit die Makronenseite wieder oben ist, und vollständig erkalten lassen.

Dieser Kuchen mit seiner herrlich weichen Makronenmasse ist ein idealer Begleiter zu Kaffee oder Tee oder auch ein tolles Dessert für die ganze Familie.

• **Wenn Sie dieses Rezept mögen, probieren Sie auch den Bananen-Streusel-Kranz auf Seite 94.**

KRUSTE

150 g brauner Zucker • 50 g Weizenmehl • 60 g kalte Butter, gewürfelt • 100 g Walnusskerne, grob gehackt

KUCHEN

375 g Weizenmehl • 2 TL Backpulver • 1 TL gemahlene Muskatnuss • 1/4 TL Salz • 180 g weiche Butter • 200 g Zucker • 1 TL Vanilleessenz • 4 Eier (Größe L) • 180 ml Buttermilch

ERGIBT 10–12 STÜCKE • **ZUBEREITUNG** 20 MINUTEN • **GARZEIT** 50–60 MINUTEN

Kranzkuchen
mit Walnusskruste

KRUSTE **1.** Den Ofen auf 180 °C vorheizen. **2.** Eine Kranzform (26 cm Ø) mit Butter einfetten. Mit Mehl ausstäuben. **3. Zucker** und Mehl in einer Schüssel mischen. Die Butter mit einem Handmixer einarbeiten, bis die Masse feinkrümelig ist. Die Walnüsse untermischen. KUCHEN **4. Mehl,** Backpulver, Muskatnuss und Salz in eine Schüssel sieben. **5. Butter,** Zucker und Vanilleessenz in der Küchenmaschine oder mit dem Handmixer bei mittlerer Geschwindigkeit cremig rühren. **6. Die Eier** einzeln sorgfältig einarbeiten. **7.** Bei niedriger Geschwindigkeit abwechselnd Mehlmischung und Buttermilch unterrühren. **8. Den Teig** in die vorbereitete Form füllen, glatt streichen und die Walnussstreusel darauf verteilen. **9.** Im vorgeheizten Ofen 50–60 Minuten backen. **10. Den Kuchen** 10 Minuten in der Form abkühlen lassen. **11. Den Kuchen** auf ein Kuchengitter stürzen und sofort wieder wenden, damit die Streuselseite wieder oben ist. Vollständig erkalten lassen.

Sie können die Walnüsse durch dieselbe Menge Mandeln ersetzen.

• Wenn Sie dieses Rezept mögen, probieren Sie auch den Pekan-Apfel-Kranz auf Seite 52.

KUCHEN

450 g Weizenmehl · 1/2 TL Salz ·
1/4 TL Backnatron · 250 g weiche Butter · 400 g Zucker ·
1 EL fein abgeriebene Orangenschale · 6 Eier (Größe L) ·
250 g Naturjoghurt · 60 ml Apricot Brandy

APRIKOTUR

300 g Aprikosenkonfitüre · 120 ml Apricot Brandy · 1 TL fein abgeriebene Zitronenschale

ERGIBT 10–12 STÜCKE · **ZUBEREITUNG** 25 MINUTEN · **GARZEIT** 60–70 MINUTEN

Aprikotierter Rührkuchen

KUCHEN **1.** Den Backofen auf 170 °C vorheizen. **2.** Eine Kranzform (28 cm Ø) mit Butter einfetten. Mit Mehl ausstäuben. **3. Mehl,** Salz und Backnatron in eine große Schüssel sieben. **4. Butter,** Zucker und Orangenschale mit dem Handmixer bei mittlerer Geschwindigkeit hell und cremig rühren. **5. Die Eier** einzeln sorgfältig einarbeiten. **6.** Bei niedriger Geschwindigkeit abwechselnd Mehlmischung, Joghurt und Apricot Brandy unterrühren. **7. Den Teig** in die vorbereitete Form füllen. **8.** Im Ofen 60–70 Minuten backen. Zur Garprobe einen Holzspieß einstechen; er sollte trocken und sauber wieder herauskommen. **9. Den Kuchen** mit einem Messer vom Rand der Form lösen und 10 Minuten abkühlen lassen. Dann auf ein Kuchengitter stürzen und vollständig erkalten lassen. APRIKOTUR **10. Aprikosenkonfitüre,** Apricot Brandy und Zitronenschale in einem Topf glatt rühren und bei mittlerer Hitze 1 Minute köcheln lassen. **11. Den Kuchen** damit überziehen.

Der Apricot Brandy unterstreicht die Aromen dieses Kuchens. Wenn Kinder mitessen, sollten Sie ihn aber weglassen.

• **Wenn Sie dieses Rezept mögen, probieren Sie auch den Zitronensirupkuchen auf Seite 22.**

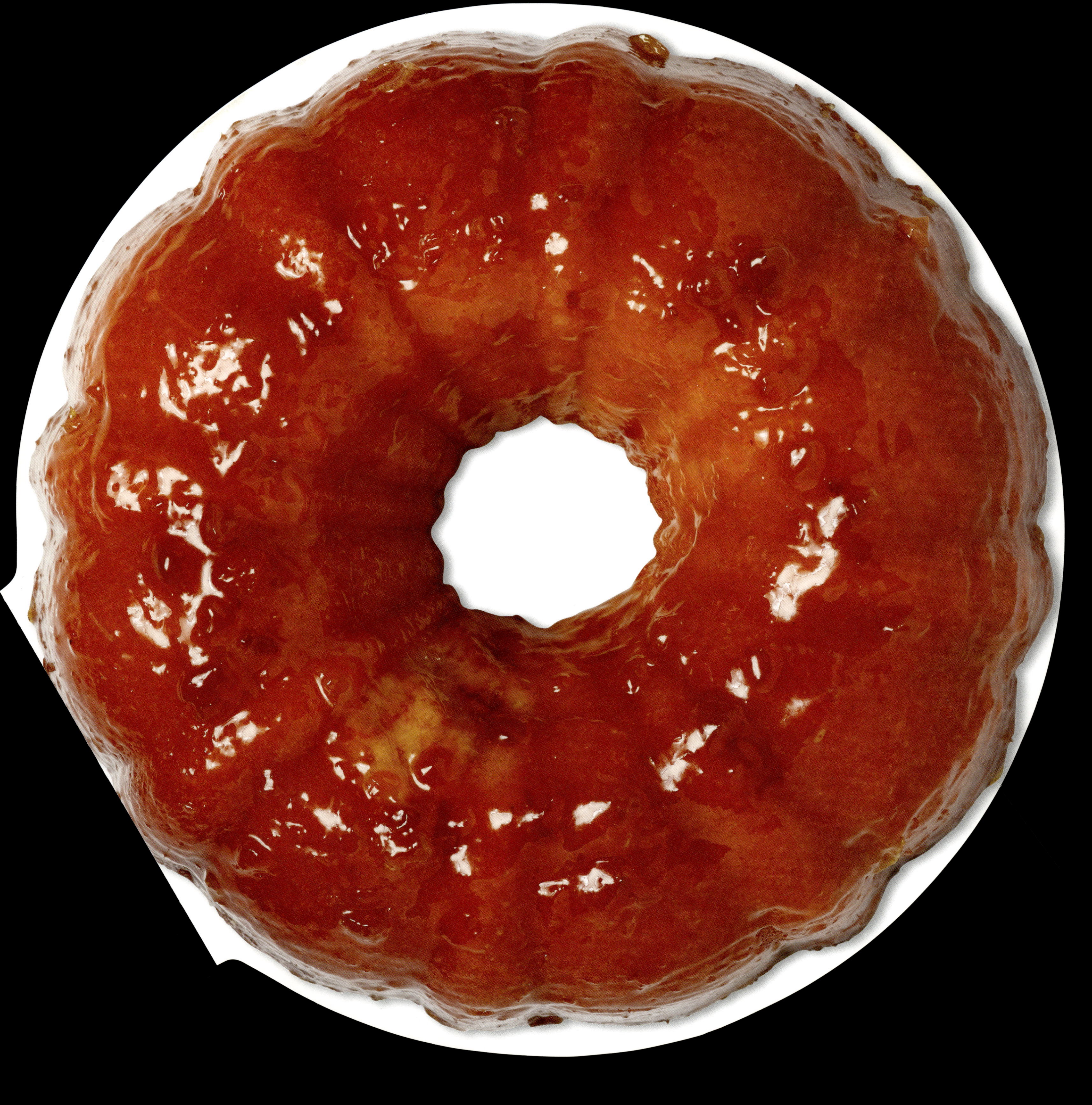

Kokosrührkuchen

KUCHEN

225 g Weizenmehl • 1 TL Backpulver • 1/2 TL Salz • 180 g Kokosraspel • 180 g weiche Butter • 300 g Zucker • 4 Eier (Größe L) • 90 ml Milch • 1 1/2 TL Kokosaroma

VANILLEGLASUR

300 g Puderzucker • 3 EL Butter • 1 TL Vanilleessenz • 2–3 EL kochendes Wasser • 18–20 Pekannusshälften, zum Garnieren

ERGIBT 8–12 STÜCKE • **ZUBEREITUNG** 30 MINUTEN • **GARZEIT** 55–65 MINUTEN

KUCHEN **1.** Den Backofen auf 180 °C vorheizen. **2.** Eine Kranzform (26 cm Ø) mit Butter einfetten. Mit Mehl ausstäuben. **3. Mehl,** Backpulver und Salz in eine große Schüssel sieben. Die Kokosraspel untermischen. **4. Butter** und Zucker in der Küchenmaschine oder mit dem Handmixer bei mittlerer Geschwindigkeit hell und cremig rühren. **5. Die Eier** einzeln sorgfältig einarbeiten. **6.** Bei niedriger Geschwindigkeit abwechselnd Mehlmischung, Milch und Kokosaroma unterrühren. **7. Den Teig** in die Form füllen. **8.** Im vorgeheizten Ofen 55–65 Minuten backen. Zur Garprobe einen Holzspieß einstechen; er sollte trocken und sauber wieder herauskommen. **9. Den Kuchen** mit einem Messer vom Rand der Form lösen und 10 Minuten abkühlen lassen. Dann auf ein Kuchengitter stürzen und vollständig erkalten lassen.

VANILLEGLASUR **10. Puderzucker,** Butter und Vanilleessenz in einer großen Schüssel cremig rühren. So viel Wasser einarbeiten, dass eine glatte, streichfähige Masse entsteht. **11. Den Kuchen** damit einstreichen. Mit den Pekannüssen garnieren.

Sie können die Pekannüsse durch Walnusshälften oder Macadamianüsse ersetzen.

Wenn Sie dieses Rezept mögen, probieren Sie auch den Barbados-Rührkuchen auf Seite 100.

KUCHEN

350 g Weizenmehl • 1/2 TL Backnatron • 1/2 TL Salz • 1 TL gemahlener Zimt • 1 TL gemahlener Piment • 1/2 TL gemahlene Muskatnuss • 1/4 TL gemahlene Gewürznelken • 250 g weiche Butter • 400 g Zucker • 2 TL Vanilleessenz • 4 Eier (Größe L) • 250 g Naturjoghurt

ZITRONEN-GEWÜRZ-GLASUR

300 g Puderzucker • 60 g Butter, zerlassen • 1 EL frisch gepresster Zitronensaft • 1/2 TL gemahlene Muskatnuss • 1/2 TL gemahlener Zimt

ERGIBT 10–12 STÜCKE • **ZUBEREITUNG** 30 MINUTEN • **GARZEIT** 55–65 MINUTEN

Joghurtkuchen mit Zitronen-Gewürz-Glasur

KUCHEN **1.** Den Backofen auf 180 °C vorheizen. **2.** Eine Kranzform (26–28 cm Ø) mit Butter einfetten. Mit Mehl ausstäuben. **3. Mehl,** Backnatron, Salz und Gewürze in eine große Schüssel sieben. **4. Butter,** Zucker und Vanilleessenz mit dem Handmixer bei mittlerer Geschwindigkeit hell und cremig rühren. **5. Die Eier** einzeln sorgfältig einarbeiten. **6.** Bei niedriger Geschwindigkeit abwechselnd Mehlmischung und Joghurt unterrühren. **7. Den Teig** in die Form füllen. **8.** Im vorgeheizten Ofen 55–65 Minuten backen. Zur Garprobe einen Holzspieß einstechen; er sollte trocken und sauber wieder herauskommen. **9. Den Kuchen** 15 Minuten in der Form abkühlen lassen. Dann auf ein Kuchengitter stürzen und vollständig erkalten lassen.

ZITRONEN-GEWÜRZ-GLASUR **10. Puderzucker,** Butter, Zitronensaft und Gewürze in einer mittleren Schüssel glatt rühren. **11. Den Kuchen** damit einstreichen.

• Wenn Sie dieses Rezept mögen, probieren Sie auch den Zitronenrührkuchen auf Seite 26.

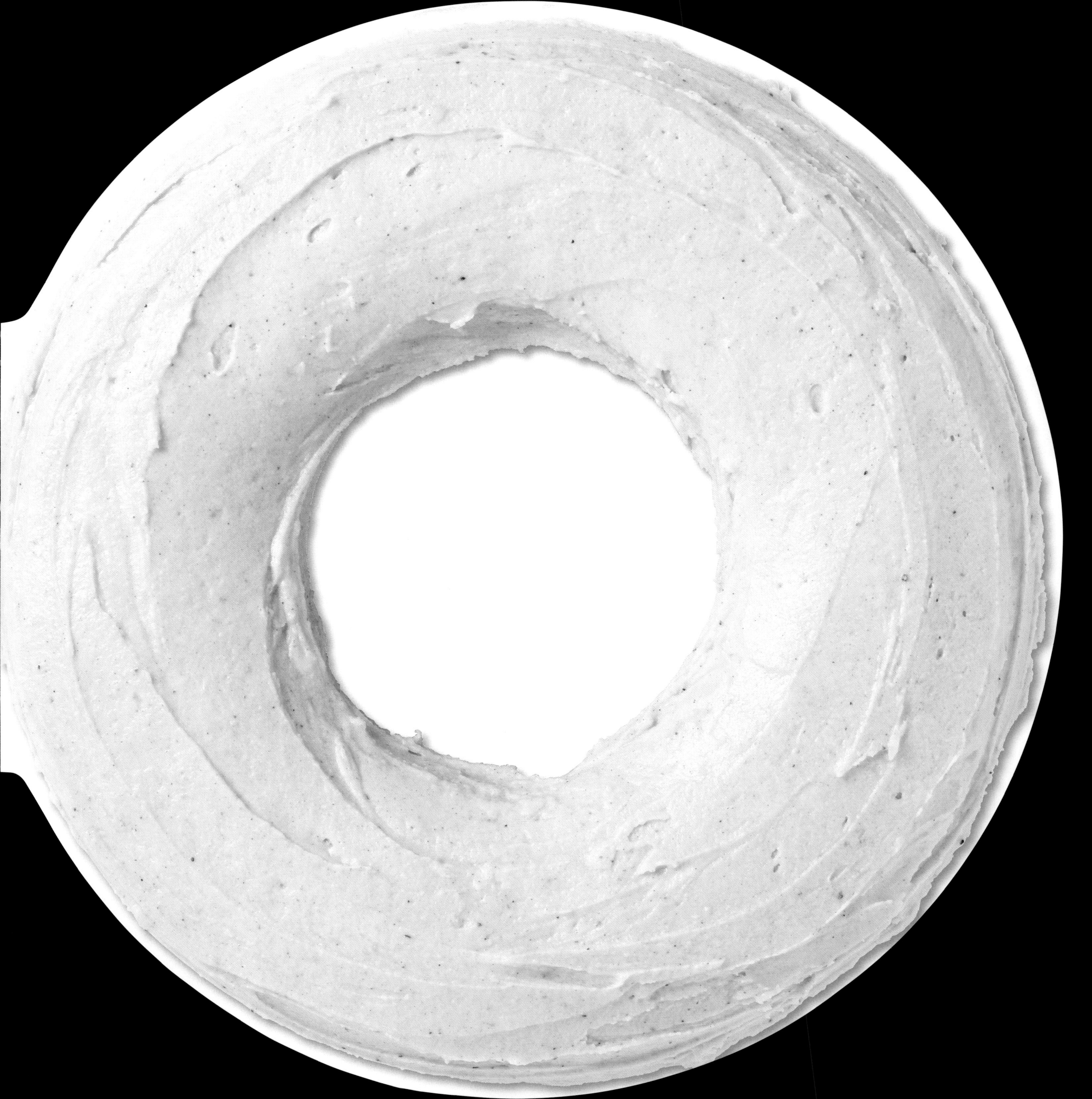

STREUSEL

75 g Weizenmehl • 50 g brauner Zucker • 1 TL gemahlener Zimt • 1/2 TL gemahlene Muskatnuss • 60 g kalte Butter, gewürfelt • 60 g Mandeln, grob gehackt

KUCHEN

450 g Weizenmehl • 1 TL Backpulver • 1 1/2 TL Backnatron • 1/2 TL Salz • 180 g weiche Butter • 250 g Zucker • 1 EL fein abgeriebene Orangenschale • 1 TL Vanilleessenz • 3 Eier (Größe L) • 2 große, vollreife Bananen, zerdrückt • 3 EL saure Sahne • 90 g Rosinen

ERGIBT 10–12 STÜCKE • **ZUBEREITUNG** 25 MINUTEN • **GARZEIT** 45–55 MINUTEN

Bananen-Streusel-Kranz

STREUSEL **1.** Den Ofen auf 180 °C vorheizen. **2.** Eine Kranzform (26 cm Ø) mit Butter einfetten. Mit Mehl ausstäuben. **3. Mehl,** Zucker und Gewürze in einer Schüssel mischen. Die Butter mit dem Handmixer einarbeiten, bis die Masse feinkrümelig ist. Die Mandeln untermischen. KUCHEN **4. Mehl,** Backpulver, Backnatron und Salz in eine große Schüssel sieben. **5. Butter,** Zucker, Orangenschale und Vanilleessenz in der Küchenmaschine oder mit dem Handmixer hell und cremig rühren. **6. Die Eier** einzeln sorgfältig einarbeiten. **7.** Bei niedriger Geschwindigkeit Bananen und saure Sahne einarbeiten. Abwechselnd Mehlmischung und Rosinen unterrühren. **8. Den Teig** in die vorbereitete Form füllen, glatt streichen und die Streusel darauf verteilen. **9.** Im vorgeheizten Ofen 45–55 Minuten backen. Zur Garprobe einen Holzspieß einstechen; er sollte trocken und sauber wieder herauskommen. **10. Den Kuchen** 10 Minuten in der Form abkühlen lassen. Dann auf ein Kuchengitter stürzen, sofort wieder wenden, damit die Streuselseite wieder oben ist, und vollständig erkalten lassen.

Dieser Kuchen schmeckt nicht nur zum Nachmittagskaffee, sondern auch lauwarm zum Frühstück oder Brunch.

• Wenn Sie dieses Rezept mögen, probieren Sie auch den Schoko-Bananen-Kranz auf Seite 120.

KUCHEN

450 g Weizenmehl • 2 TL Backpulver • 1/2 TL Backnatron • 1 TL gemahlener Zimt • 1 TL gemahlener Ingwer • 1 TL gemahlene Muskatnuss • 1/2 TL Salz • 250 g weiche Butter • 400 g Zucker • 2 TL Ananasaroma • 2 TL Vanilleessenz • 4 Eier (Größe L) • 400 g gegarte Süßkartoffeln, gestampft und abgekühlt

GLASUR

300 g Puderzucker • 60 g Butter, zerlassen • 2 TL Ananasaroma • 1–2 EL kochendes Wasser

ERGIBT 10–12 STÜCKE • **ZUBEREITUNG** 20 MINUTEN • **GARZEIT** 70–80 MINUTEN

Hawaiianischer Rührkuchen

KUCHEN **1.** Den Backofen auf 180 °C vorheizen. **2.** Eine Kranzform (28 cm Ø) mit Butter einfetten. Mit Mehl ausstäuben. **3. Mehl,** Backpulver, Backnatron, Gewürze und Salz in eine große Schüssel sieben. **4. Butter,** Zucker, Ananasaroma und Vanilleessenz mit dem Handmixer bei mittlerer Geschwindigkeit hell und cremig rühren. **5. Die Eier** einzeln sorgfältig einarbeiten. **6.** Bei niedriger Geschwindigkeit abwechselnd Mehlmischung und Süßkartoffeln unterrühren. **7. Den Teig** in die vorbereitete Form füllen. **8.** Im vorgeheizten Ofen 70–80 Minuten backen. Zur Garprobe einen Holzspieß einstechen; der sollte trocken und sauber wieder herauskommen. **9. Den Kuchen** mit einem Messer vom Rand der Form lösen und 10 Minuten abkühlen lassen. Dann auf ein Kuchengitter stürzen und vollständig erkalten lassen.

GLASUR **10. Puderzucker,** Butter und Ananasaroma in einer mittleren Schüssel glatt rühren. So viel Wasser einarbeiten, dass eine relativ dünnflüssige Glasur entsteht. **11. Den Kuchen** damit überziehen.

Die Süßkartoffeln verleihen diesem Kuchen eine weiche Krume und ein wunderbares, saftiges Aroma.

Wenn Sie dieses Rezept mögen, probieren Sie auch den Bananen-Streusel-Kranz auf Seite 94.

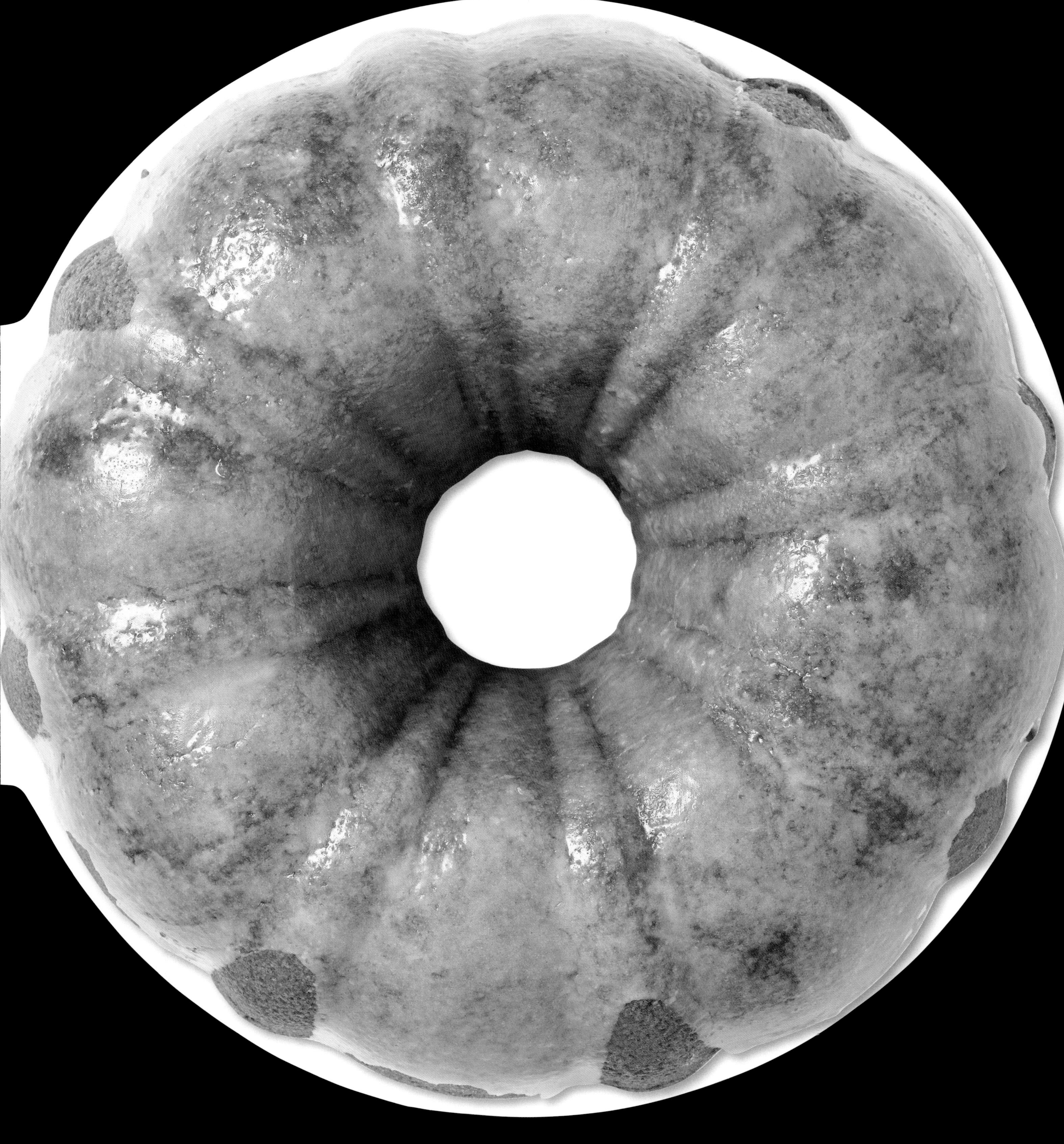

KUCHEN

180 ml Milch • 1 TL Bittermandelaroma • 1 TL Kokosaroma • 1 TL Zitronenaroma • 1 TL Rumaroma • 1 TL Vanilleessenz • 450 g Weizenmehl • 1/2 TL Backpulver • 1/4 TL Salz • 180 g weiche Butter • 90 ml Pflanzenöl • 450 g Zucker • 2 EL Erdnusscreme • 5 Eier (Größe L)

GLASUR

100 g Zucker • 60 ml Wasser • 1 EL Erdnusscreme • 1/2 TL Bittermandelaroma • 1/2 TL Kokosaroma • 1/2 TL Zitronenaroma • 1/2 TL Rumaroma • 1/2 TL Vanilleessenz

ERGIBT 12 STÜCKE • **ZUBEREITUNG** 25 MINUTEN • **GARZEIT** 85–95 MINUTEN

Rührkuchen mit sechs Aromen

KUCHEN **1.** Den Backofen auf 170 °C vorheizen. **2.** Eine Kranzform (28 cm Ø) mit Butter einfetten. Mit Mehl ausstäuben. **3. Die Milch** in einer Schale mit den Aromen und der Vanilleessenz verrühren. **4. Mehl,** Backpulver und Salz in eine große Schüssel sieben. **5. Butter,** Öl, Zucker und Erdnusscreme in der Küchenmaschine oder mit dem Handmixer bei mittlerer Geschwindigkeit cremig rühren. **6. Die Eier** einzeln sorgfältig einarbeiten. **7.** Bei niedriger Geschwindigkeit abwechselnd Mehlmischung und aromatisierte Milch unterrühren. **8. Den Teig** in die vorbereitete Form füllen. **9.** Im vorgeheizten Ofen 85–95 Minuten backen. Zur Garprobe einen Holzspieß einstechen; er sollte trocken und sauber wieder herauskommen. **10. Den Kuchen** mit einem Messer vom Rand der Form lösen und 10 Minuten abkühlen lassen. Dann auf ein Kuchengitter stürzen und vollständig erkalten lassen.

GLASUR **11. Zucker,** Wasser, Erdnusscreme, Aromen und Vanilleessenz in einem Topf bei niedriger Hitze unter ständigem Rühren köcheln lassen, bis der Zucker sich aufgelöst hat. Abkühlen lassen. **12. Den Kuchen** damit dünn überziehen.

Dieser Kuchen hat ein volles, komplexes Aroma. Sie können es nach Ihrem Geschmack anpassen und sowohl im Kuchen als auch in der Glasur Aromen weglassen.

● Wenn Sie dieses Rezept mögen, probieren Sie auch den Barbados-Rührkuchen auf Seite 100.

KUCHEN

300 g Weizenmehl • 1/2 TL Backpulver • 1/2 TL Backnatron • 1/4 TL Salz • 250 g weiche Butter • 400 g Zucker • 2 TL Rumaroma • 1 TL Kokosaroma • 4 Eier (Größe L) • 90 ml Milch • 90 ml Kondensmilch oder Schlagsahne

SIRUP

100 g Zucker • 60 ml Wasser • 1 TL Bittermandelaroma • 1 TL Kokosaroma • 1 TL Rumaroma

ERGIBT 10–12 STÜCKE • **ZUBEREITUNG** 20 MINUTEN • **GARZEIT** 55–65 MINUTEN

Barbados-Rührkuchen

KUCHEN **1.** Den Backofen auf 170 °C vorheizen. **2.** Eine Kranzform (26–28 cm Ø) mit Butter einfetten. Mit Mehl ausstäuben. **3. Mehl,** Backpulver, Backnatron und Salz in eine große Schüssel sieben. **4. Butter,** Zucker und Aromen in der Küchenmaschine oder mit dem Handmixer bei mittlerer Geschwindigkeit hell und cremig rühren. **5. Die Eier** einzeln sorgfältig einarbeiten. **6.** Bei niedriger Geschwindigkeit abwechselnd Mehlmischung, Milch und Kondensmilch unterrühren. **7. Den Teig** in die vorbereitete Form füllen. **8.** Im vorgeheizten Ofen 55–65 Minuten backen. Zur Garprobe einen Holzspieß einstechen; er sollte trocken und sauber wieder herauskommen. **9. Den Kuchen** mit einem Messer vom Rand der Form lösen und 10 Minuten abkühlen lassen. Auf ein Kuchengitter stürzen und lauwarm abkühlen lassen.

SIRUP **10. Zucker,** Wasser und Aromen in einem Topf bei niedriger Hitze unter ständigem Rühren zum Kochen bringen. **11.** Das Kuchengitter mit dem Kuchen auf ein Backblech setzen. Den Kuchen mit einem Holzspieß regelmäßig einstechen. **12.** Mit dem Sirup tränken. Den Sirup aus dem Backblech erneut über den Kuchen träufeln.

Wenn Sie dieses Rezept mögen, probieren Sie auch den Limetten-Honig-Kuchen auf Seite 24.

150 g Instantmehl • 300 g extrafeiner Zucker • 12 Eiweiß (Größe L) • 2 EL lauwarmes Wasser • 1 1/4 TL Weinsteinbackpulver • 1/2 TL Salz • 2 TL Vanilleessenz • 3 EL Mohnsaat • 375 g Lemon Curd

ERGIBT 10–12 STÜCKE • **ZUBEREITUNG** 20 MINUTEN • **GARZEIT** 40–45 MINUTEN

Mohn-Engelskuchen

1. Den Backofen auf 180 °C vorheizen. **2.** Eine Engelskuchenform (oder Rohrbodenform; 26 cm Ø) mit herausnehmbarem Boden bereitstellen. **3. Das Mehl** in eine Schüssel sieben und 100 g Zucker untermischen. **4. Das Eiweiß** mit Wasser, Weinsteinbackpulver und Salz in einer Schüssel mit dem Handmixer bei mittlerer Geschwindigkeit schaumig rühren. Nun bei hoher Geschwindigkeit rühren, bis die Masse steif und glänzend ist,

und dabei den restlichen Zucker einrieseln lassen. Die Vanilleessenz unterrühren. **5. Mehlmischung** und Mohnsaat mit einem Teigschaber unterheben. **6. Den Teig** in die Form füllen. **7.** Im Ofen 40–45 Minuten backen, bis der Kuchen goldbraun ist und auf Fingerdruck elastisch nachgibt. **8. Den Kuchen** wie auf Seite 5 beschrieben abkühlen lassen und aus der Form lösen. **9.** Erst kurz vor dem Servieren mit dem Lemon Curd bestreichen.

Lemon Curd ist eine aus Großbritannien stammende Creme aus Eiern, Zitronen oder Limetten und Zucker. Er ist mittlerweile in jedem gut sortierten Supermarkt oder in der Apotheke erhältlich.

• **Wenn Sie dieses Rezept mögen, probieren Sie auch den Zitronen-Chiffonkuchen auf Seite 28.**

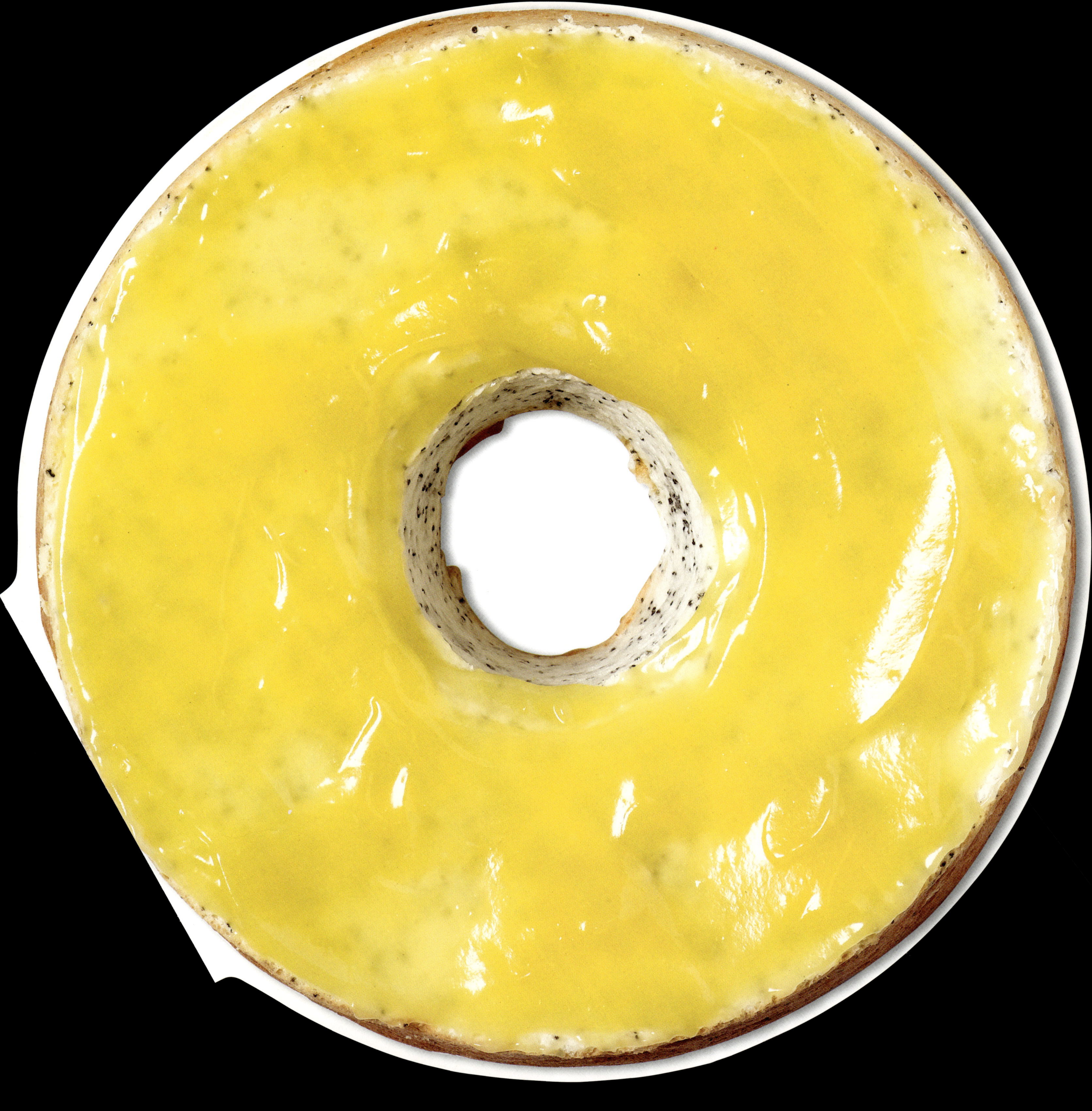

90 g gemischte Nüsse wie Wal-, Pekan- und Haselnüsse, grob gehackt • 225 g Weizenmehl • 1/2 TL Backnatron • 1/4 TL Salz • 120 g gemahlene Mandeln • 180 g weiche Butter • 450 g brauner Zucker • 2 TL Vanilleessenz • 120 g saure Sahne • 5 Eier (Größe L)

ERGIBT 10–12 STÜCKE • **ZUBEREITUNG** 20 MINUTEN • **GARZEIT** 60–65 MINUTEN

Nussrührkuchen

1. Den Backofen auf 180 °C vorheizen. **2.** Eine Kranzform (26 cm Ø) einfetten. Mit Mehl ausstäuben. **3. Die Backform** mit den gehackten Nüssen ausstreuen. **4. Mehl,** Backnatron und Salz in eine große Schüssel sieben. Die Mandeln untermischen. **5. Butter,** Zucker und Vanilleessenz in der Küchenmaschine oder mit dem Handmixer cremig rühren. Die saure Sahne unterrühren. **6. Die Eier** einzeln sorgfältig einarbeiten.

7. Bei niedriger Geschwindigkeit nach und nach die Mehlmischung unterrühren. **8. Den Teig** in die Form füllen. **9.** Im Ofen 60–65 Minuten backen. Zur Garprobe einen Holzspieß einstechen; er sollte trocken und sauber wieder herauskommen. **10. Den Kuchen** mit einem Messer vom Rand der Form lösen und 10 Minuten abkühlen lassen. **11. Den Kuchen** auf ein Kuchengitter stürzen und erkalten lassen.

Die Nüsse sind nach dem Backen weich und saftig. Nach Belieben können Sie den Kuchen nach dem Erkalten mit ein paar zusätzlichen, gerösteten Nüssen für Extra-Crunch garnieren.

Wenn Sie dieses Rezept mögen, probieren Sie auch den Mandelrührkuchen auf Seite 40.

Roter Marmorkuchen

KUCHEN

375 g Weizenmehl • 2 1/2 TL Backpulver • 1/4 TL Salz • 250 g weiche Butter • 200 g Zucker • 1 TL Vanilleessenz • 3 Eier (Größe L) • 180 ml Milch • rote Lebensmittelfarbe

SCHOKOLADENGLASUR

300 g Puderzucker • 30 g Kakao • 2 EL weiche Butter • 1 TL Vanilleessenz • 1–2 EL kochendes Wasser

ERGIBT 10–12 STÜCKE • **ZUBEREITUNG** 30 MINUTEN • **GARZEIT** 40–50 MINUTEN

KUCHEN **1.** Den Ofen auf 180 °C vorheizen. **2.** Eine Kranzform (26 cm Ø) mit Butter einfetten. Mit Mehl ausstäuben. **3. Mehl,** Backpulver und Salz in eine große Schüssel sieben. **4. Butter,** Zucker und Vanilleessenz in der Küchenmaschine oder mit dem Handmixer bei mittlerer Geschwindigkeit hell und cremig rühren. **5. Die Eier** einzeln sorgfältig einarbeiten. **6.** Bei niedriger Geschwindigkeit abwechselnd Mehlmischung und Milch unterrühren. **7. Den Teig** halbieren. Die Hälfte mit Lebensmittelfarbe rot einfärben. **8.** Abwechselnd esslöffelgroße Portionen der zwei Teigfarben in die vorbereitete Form füllen. Ein Messer durchziehen, um einen Marmoreffekt zu erzielen. **9.** Im vorgeheizten Ofen 40–50 Minuten backen. Zur Garprobe einen Holzspieß einstechen; er sollte trocken und sauber wieder herauskommen. **10. Den Kuchen** mit einem Messer vom Rand der Form lösen und 10 Minuten abkühlen lassen. Auf ein Kuchengitter stürzen und vollständig erkalten lassen. SCHOKOLADENGLASUR **11. Puderzucker** und Kakao in einer Schüssel mischen. Butter, Vanilleessenz und so viel Wasser einarbeiten, dass eine glatte Masse entsteht. **12. Den Kuchen** damit überziehen.

• Wenn Sie dieses Rezept mögen, probieren Sie auch den Karamellrührkuchen auf Seite 78.

120 g Instantmehl • 50 g Kakao • 1 TL Instantkaffee • 300 g extrafeiner Zucker • 12 Eiweiß (Größe L) • 1 TL Weinsteinbackpulver • 1/4 TL Salz • 1 TL Vanilleessenz • Puderzucker, zum Bestäuben

ERGIBT 8–12 STÜCKE • **ZUBEREITUNG** 15 MINUTEN • **GARZEIT** 40–45 MINUTEN

Mokka-Engelskuchen

. Den Backofen auf 170 °C vorheizen. **2.** Eine
gelskuchenform (oder Springform mit Loch-
atz; 26 cm Ø) mit herausnehm-
n Boden bereitstellen.
hl und Kakao in eine
el sieben. Instant-
nd 150 g Zucker
chen. **4. Das Ei-**
Weinsteinbackpul-
Salz in einer großen
nit dem Handmixer bei mittlerer
digkeit schaumig rühren. **5.** Nun bei ho-
hwindigkeit rühren, bis die Masse steif

und glänzend ist, und dabei den restlichen Zuck einrieseln lassen. Die Vanilleessenz unter rühren. **6. Die Mehlmischung** mit einem Teigschaber unterheben. **7. Den Teig** in die Form füllen. **8.** Im vorgeheizten Ofen 40–45 Minuten backen, bis der Kuchen goldbraun ist und auf Fingerdruck elastisch nachgibt. **9. Den Kuchen** ganz abkühlen lassen und aus der Form lösen. Vor dem Servieren mit Puderzucker bestäuben.

Dieser herrlich luftig-lockere Kuchen hat ein feines Schokoladen-Mokka-Aroma und macht sich gut als Geburtstagskuchen für Erwachsene.

Wenn Sie dieses Rezept mögen, probieren Sie auch den Mokka-Rührkuchen auf Seite 110.

Mokka-Rührkuchen

KUCHEN

200 g Weizenmehl • 100 g Kakao • 1 TL Backnatron • 2 EL kaltes Wasser • 120 ml kalter, starker Kaffee • 120 ml Kaffeelikör • 1 TL Vanilleessenz • 180 g weiche Butter • 400 g Zucker • 4 Eier (Größe L), getrennt

GLASUR

225 g Puderzucker • 120 ml Kaffeelikör

ERGIBT 10–12 STÜCKE • **ZUBEREITUNG** 20 MINUTEN • **GARZEIT** 50–60 MINUTEN

KUCHEN **1.** Den Backofen auf 170 °C vorheizen. **2.** Eine Kranzform (26 cm Ø) mit Butter einfetten. Mit Mehl ausstäuben. **3. Mehl** und Kakao in eine mittlere Schüssel sieben. **4. Backnatron** in einer zweiten Schüssel im Wasser auflösen. Kaffee, Likör und Vanilleessenz unterrühren. **5. Butter** und Zucker mit dem Handmixer bei mittlerer Geschwindigkeit hell und cremig rühren. **6. Ein Eigelb** nach dem anderen sorgfältig einarbeiten. **7.** Bei niedriger Geschwindigkeit abwechselnd Mehl- und Kaffeemischung unterrühren. **8. Das Eiweiß** in einer Schüssel bei

hoher Geschwindigkeit steif schlagen. **9. Den Eischnee** unter den Teig heben. **10. Den Teig** in die vorbereitete Form füllen. **11.** Im vorgeheizten Ofen 50–60 Minuten backen. Zur Garprobe einen Holzspieß einstechen; er sollte trocken und sauber wieder herauskommen. **12. Den Kuchen** mit einem Messer vom Rand der Form lösen und 10 Minuten abkühlen lassen. Auf ein Kuchengitter stürzen und vollständig erkalten lassen. GLASUR **13. Puderzucker** und Likör in einer Schüssel glatt anrühren. **14. Den Kuchen** damit überziehen.

Wenn Sie dieses Rezept mögen, probieren Sie auch den Mokka-Engelskuchen auf Seite 108.

KUCHEN

450 g Weizenmehl • 1 1/2 TL Backpulver • 1/2 TL Backnatron • 1/4 TL Salz • 250 g weiche Butter • 300 g Zucker • 2 TL Vanilleessenz • 3 Eier (Größe L) • 250 g saure Sahne • 2 EL Instantkaffee, aufgelöst in 1 EL heißem Wasser

GLASUR

2 TL Instantkaffee, aufgelöst in 60 ml starkem, kaltem Kaffee • 150 g Puderzucker

ERGIBT 10–12 STÜCKE • **ZUBEREITUNG** 30 MINUTEN • **GARZEIT** 55–65 MINUTEN

Glasierter Kaffeekuchen

KUCHEN **1.** Den Ofen auf 180 °C vorheizen. **2.** Eine Kranzform (26–28 cm Ø) mit Butter einfetten. Mit Mehl ausstäuben. **3. Mehl,** Backpulver, Backnatron und Salz in eine große Schüssel sieben. **4. Butter,** Zucker und Vanilleessenz mit dem Handmixer bei mittlerer Geschwindigkeit hell und cremig rühren. **5. Die Eier** einzeln sorgfältig einarbeiten. **6.** Bei niedriger Geschwindigkeit abwechselnd Mehlmischung und saure Sahne unterrühren. **7.** Ein Drittel des Teiges in eine zweite Schüssel füllen und die Kaffeemischung unterrühren. **8.** Die Hälfte des restlichen Teiges in die vorbereitete Form füllen. Den Kaffeeteig darauf verstreichen und mit dem restlichen hellen Teig bedecken. **9.** Im vorgeheizten Ofen 55–65 Minuten backen. Zur Garprobe einen Holzspieß einstechen; er sollte trocken und sauber wieder herauskommen. **10. Den Kuchen** mit einem Messer vom Rand der Form lösen und 10 Minuten abkühlen lassen. Auf ein Kuchengitter stürzen und lauwarm abkühlen lassen.

GLASUR **11. Kaffee** und Puderzucker in einer Schüssel glatt rühren. **12. Den Kuchen** mit einem Holzspieß regelmäßig einstechen und mit der Glasur tränken. Erkalten lassen.

● **Wenn Sie dieses Rezept mögen, probieren Sie auch den Irish-Cream-Kranz auf Seite 114.**

KUCHEN
450 g Weizenmehl · 300 g Zucker · 2 TL Backpulver · 1/4 TL Salz · 150 g Zartbitterschokolade, gehackt · 120 ml Pflanzenöl · 90 ml Irish-Cream-Likör · 90 ml Wasser · 2 EL Instantkaffee · 8 Eier (Größe L), getrennt

KAFFEEGLASUR
1 EL Instantkaffee, aufgelöst in 2 EL Irish-Cream-Likör · 3 EL zerlassene Butter · 300 g Puderzucker

ERGIBT 10–12 STÜCKE · **ZUBEREITUNG** 30 MINUTEN · **GARZEIT** 40–50 MINUTEN

Irish-Cream-Kranz

KUCHEN **1.** Den Backofen auf 180 °C vorheizen. **2.** Eine Kranzform (26–28 cm Ø) einfetten. Mit Mehl ausstäuben. **3. Mehl,** Zucker, Backpulver und Salz in einer großen Schüssel mischen. **4. Die Schokolade** mit Öl, Likör, Wasser und Instantkaffee im Wasserbad schmelzen und glatt rühren. **5.** In eine Schüssel füllen und ein Eigelb nach dem anderen mit einem Holzlöffel sorgfältig einarbeiten. **6.** Nach und nach die Mehlmischung unterrühren, bis ein glatter Teig entstanden ist. **7. Das Eiweiß** bei hoher Geschwindigkeit steif schlagen und mit einem Teigschaber unter den Teig heben. **8. Den Teig** in die vorbereitete Form füllen. **9.** Im vorgeheizten Ofen 40–50 Minuten backen. Zur Garprobe einen Holzspieß einstechen; er sollte trocken und sauber wieder herauskommen. **10. Den Kuchen** 10 Minuten in der Form abkühlen lassen. Dann auf ein Kuchengitter stürzen und vollständig erkalten lassen.

KAFFEEGLASUR **11. Kaffeemischung,** Butter und Puderzucker zu einer glatten Masse verrühren. **12. Den Kuchen** damit überziehen.

Wenn Sie dieses Rezept mögen, probieren Sie auch den Glasierten Kaffeekuchen auf Seite 112.

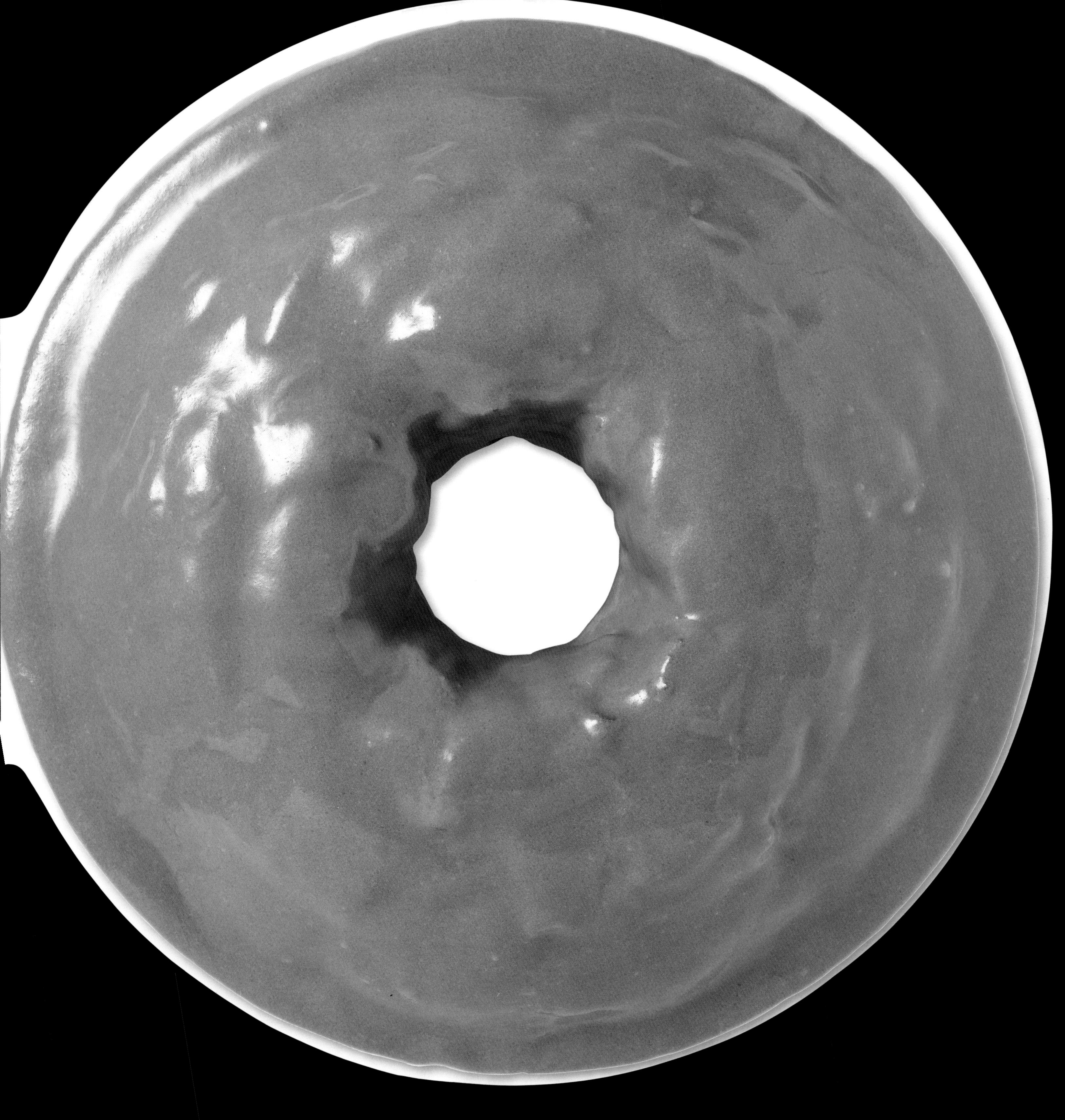

KUCHEN
225 g Puderzucker • 150 g Instantmehl •
30 g Kakao • 1/4 TL Salz • 10 Eiweiß (Größe L) •
1 1/2 TL Weinsteinbackpulver • 200 g Zucker • 1 TL Vanilleessenz

SCHOKOLADENSAUCE
120 g Butter • 150 ml Wasser • 150 g Zartbitterschokolade, gehackt • 250 g Zucker •
60 g heller Sirup • 1/4 TL Salz • 2 TL Vanilleessenz

ERGIBT 8–12 STÜCKE • **ZUBEREITUNG** 20 MINUTEN • **GARZEIT** 40–50 MINUTEN

Schoko-Engelskuchen
mit Schokoladensauce

KUCHEN **1.** Den Backofen auf 180 °C vorheizen. **2.** Eine Engelskuchenform (oder Rohrbodenform; 26 cm Ø) mit herausnehmbarem Boden bereitstellen. **3. Puderzucker,** Mehl, Kakao und Salz in eine Schüssel sieben. **4. Das Eiweiß** mit dem Weinsteinbackpulver in einer großen Schüssel mit dem Handmixer schaumig rühren. **5.** Nun bei hoher Geschwindigkeit rühren, bis die Masse steif ist, und dabei den Zucker einrieseln lassen. Die Vanilleessenz unterrühren. **6. Die Mehlmischung** mit einem Teigschaber unterheben. **7. Den Teig** in die Form füllen. **8.** Im vorgeheizten Ofen 40–50 Minuten backen, bis der Kuchen goldbraun ist und auf Fingerdruck elastisch nachgibt. **9. Den Kuchen** abkühlen lassen und aus der Form lösen.

SCHOKOLADENSAUCE **10. Die Butter** mit dem Wasser in einem Topf bei mittlerer Hitze zerlassen und unter gelegentlichem Rühren zum Kochen bringen. **11. Die Schokolade** zufügen und unter Rühren schmelzen. **12. Zucker,** Sirup und Salz unterrühren und 5 Minuten köcheln lassen. Den Topf vom Herd nehmen und die Vanilleessenz unterrühren. **13. Den Kuchen** damit überziehen.

Dieser Kuchen ist ein tolles Dessert. Servieren Sie noch frische Himbeeren oder andere Beeren dazu.

• Wenn Sie dieses Rezept mögen, probieren Sie auch den Roten Marmorkuchen auf Seite 106.

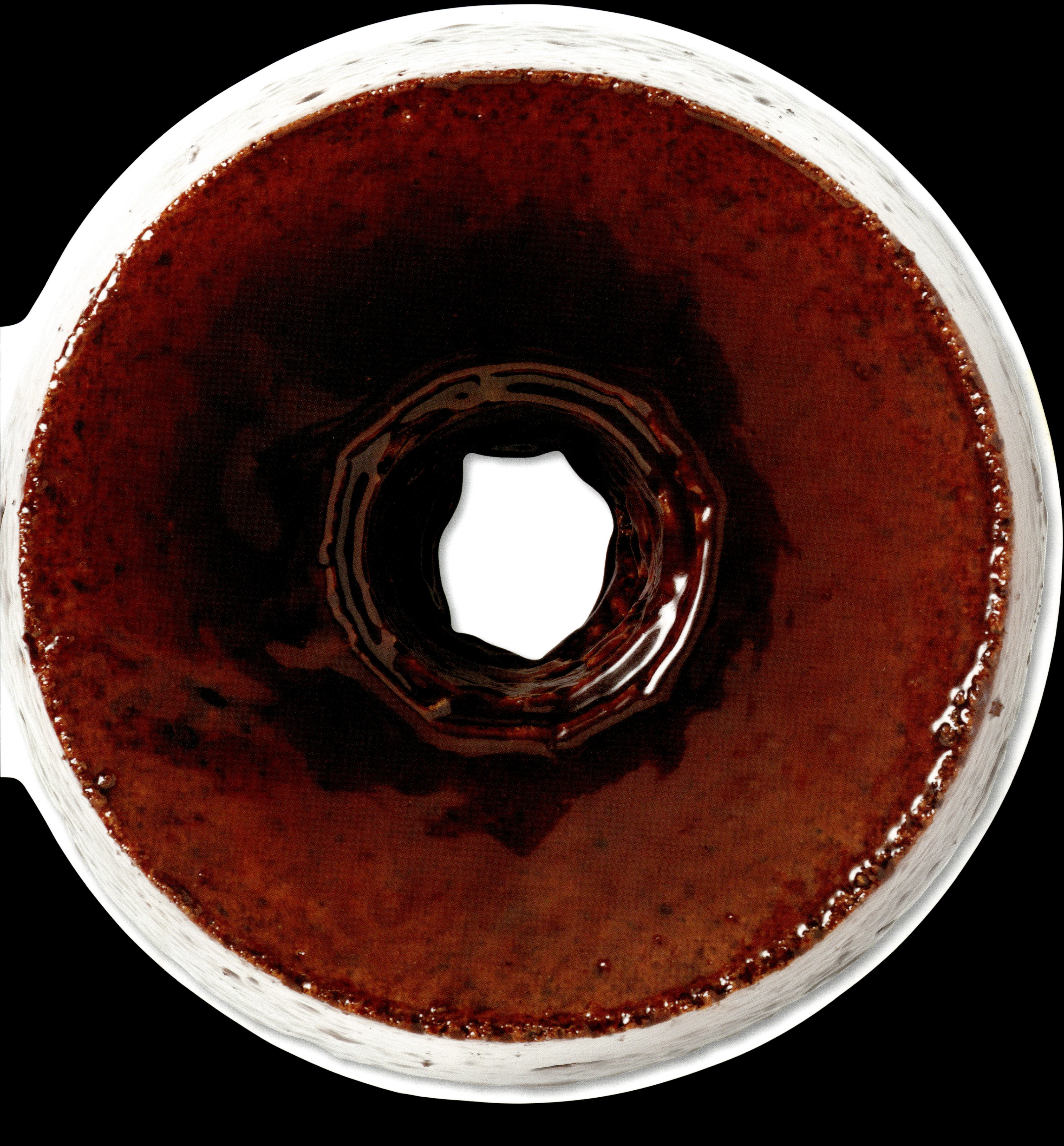

KUCHEN
400 g Zucker • 450 g Weizenmehl • 1 TL Backpulver • 1/2 TL Backnatron • 1/2 TL Salz • 250 g weiche Butter • 2 TL Vanilleessenz • 1 TL Bittermandelaroma • 5 Eier (Größe L) • 250 g Naturjoghurt

GLASUR
200 g weiße Schokolade • 90 g Zartbitterschokolade • frische Himbeeren, zum Servieren

ERGIBT 10–12 STÜCKE • **ZUBEREITUNG** 30 MINUTEN • **GARZEIT** 75–85 MINUTEN

Weißer Schoko-Rührkuchen

KUCHEN **1.** Den Backofen auf 180 °C vorheizen. **2.** Eine Kranzform (28 cm Ø) mit Butter einfetten. Mit 2 Esslöffeln Zucker ausstreuen. **3. Mehl,** Backpulver, Backnatron und Salz in eine Schüssel sieben. **4. Butter,** restlichen Zucker und Aromen mit dem Handmixer bei mittlerer Geschwindigkeit hell und cremig rühren. **5. Die Eier** einzeln sorgfältig einarbeiten. **6.** Bei niedriger Geschwindigkeit abwechselnd Mehlmischung und Joghurt unterrühren. **7. Den Teig** in die vorbereitete Form füllen. **8.** Im vorgeheizten Ofen 75–85 Minuten backen. Zur Garprobe einen Holzspieß einstechen; er sollte trocken und sauber wieder herauskommen. **9. Den Kuchen** mit einem Messer vom Rand der Form lösen und 10 Minuten abkühlen lassen. Auf ein Kuchengitter stürzen und vollständig erkalten lassen.

GLASUR **10. Weiße** und dunkle Schokolade getrennt im Wasserbad schmelzen. **11. Den Kuchen** mit der weißen Schokolade glasieren und mit der Zartbitterschokolade ein Gittermuster darauftropfen. Nach Belieben mit den Himbeeren verzieren oder diese getrennt dazu reichen.

• Wenn Sie dieses Rezept mögen, probieren Sie auch den Schoko-Engelskuchen mit Schokoladensauce auf S

KUCHEN

450 g Weizenmehl • 1 TL Backpulver • 1 TL Backnatron • 1 TL gemahlener Zimt • 1 TL gemahlener Ingwer • 1/2 TL gemahlener Piment • 1/4 TL Salz • 120 g weiche Butter • 350 g brauner Zucker • 2 TL Vanilleessenz • 4 Eier (Größe L), getrennt • 3 vollreife Bananen, zerdrückt • 180 g Zartbitterschokotröpfchen

GLASUR

400 g Zucker • 90 g Zartbitterschokolade, grob gehackt • 180 ml Milch • 2 EL heller Sirup • 2 EL Butter, klein gewürfelt • 1 TL Vanilleessenz

ERGIBT 10–12 STÜCKE • **ZUBEREITUNG** 40 MINUTEN • **GARZEIT** 55–65 MINUTEN

Schoko-Bananen-Kranz

KUCHEN **1.** Den Backofen auf 180 °C vorheizen. **2.** Eine Kranzform (28 cm Ø) einfetten. Mit Mehl ausstäuben. **3. Mehl,** Backpulver, Backnatron, Gewürze und Salz in eine Schüssel sieben. **4. Butter,** Zucker und Vanilleessenz mit dem Handmixer bei mittlerer Geschwindigkeit cremig rühren. **5. Ein Eigelb** nach dem anderen sorgfältig einarbeiten. **6.** Bei niedriger Geschwindigkeit die Bananen, gefolgt von Mehlmischung und Schokotröpfchen, unterrühren. **7. Das Eiweiß** in einer Schüssel bei hoher Geschwindigkeit steif schlagen und mit einem Teigschaber unter den Teig heben. **8. Den Teig** in die Form füllen. **9.** Im Ofen 55–65 Minuten backen. **10. Den Kuchen** 10 Minuten in der Form abkühlen lassen. Auf ein Kuchengitter stürzen und vollständig erkalten lassen.

GLASUR **11. Zucker,** Schokolade, Milch und Sirup in einem Topf bei niedriger Hitze rühren, bis der Zucker sich aufgelöst hat. Zuckerkristalle vom Topfrand mit einem Küchenpinsel entfernen, da sie sonst verbrennen. Dann ohne Rühren köcheln, bis der Sirup sich zur Kugel formen lässt (116 °C). Die Butter unterrühren und den Topf vom Herd nehmen. **12.** Unter Rühren lauwarm abkühlen. Die Vanilleessenz unterrühren und den Kuchen mit der Glasur überziehen.

Wenn Sie dieses Rezept mögen, probieren Sie auch den Weißen Schoko-Rührkuchen auf Seite 118.

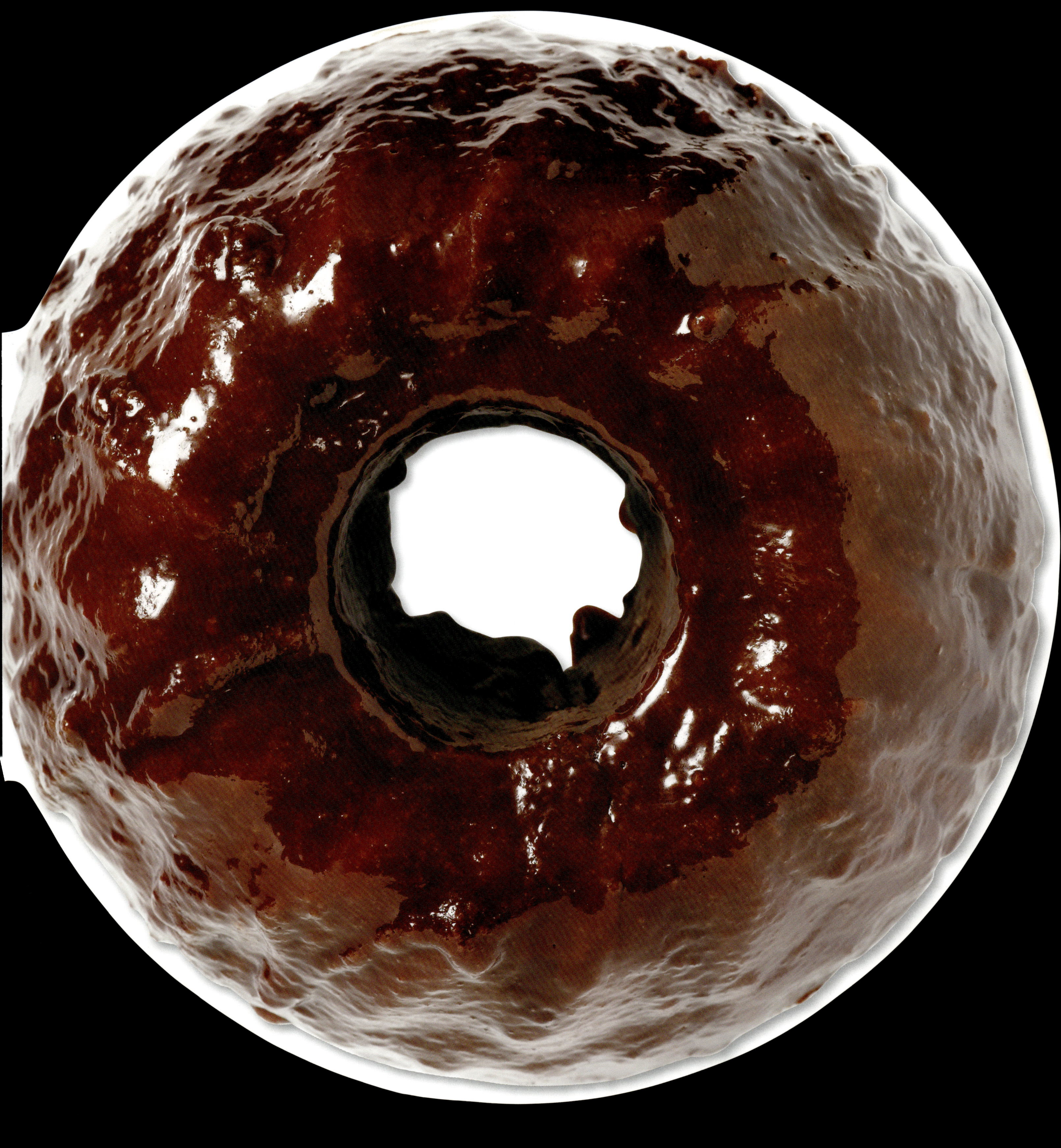

375 g Weizenmehl • 1 TL Backpulver • 1/2 TL Salz • 375 g weiche Butter • 450 g Zucker • 2 TL Vanilleessenz • 5 Eier (Größe L) • 180 ml Buttermilch • 180 g Zartbitterschokoladentröpfchen • 50 g Kakao, zum Bestäuben

ERGIBT 10–12 STÜCKE • **ZUBEREITUNG** 25 MINUTEN • **GARZEIT** 75–85 MINUTEN

Rührkuchen mit Schokolade

1. Den Backofen auf 180 °C vorheizen. **2.** Eine Kranzform (26–28 cm Ø) mit Butter einfetten. Mit Mehl ausstäuben. **3. Mehl,** Backpulver und Salz in eine große Schüssel sieben. **4. Butter,** Zucker und Vanilleessenz mit dem Handmixer bei mittlerer Geschwindigkeit hell und cremig rühren. **5. Die Eier** einzeln einarbeiten. **6.** Bei niedriger Geschwindigkeit abwechselnd Mehlmischung und Buttermilch unterrühren. **7. Die Schokotröpfchen** mit einem Teigschaber unterheben. **8. Den Teig** in die Form füllen. **9.** Im Ofen 75–85 Minuten backen. Zur Garprobe einen Holzspieß einstechen; er sollte trocken und sauber wieder herauskommen. **10. Den Kuchen** mit einem Messer vom Rand der Form lösen und 10 Minuten abkühlen lassen. Auf ein Kuchengitter stürzen und vollständig erkalten lassen. **11. Mit dem Kakao** bestäuben.

Für einen extraschokoladigen Kuchen können Sie 75 g Mehl durch dieselbe Menge Kakao ersetzen.

Wenn Sie dieses Rezept mögen, probieren Sie auch den Schoko-Bananen-Kranz auf Seite 120.

KUCHEN

500 g Weizenmehl • 150 g Kakao • 1 TL Backpulver • 1/2 TL Salz • 250 g weiche Butter • 120 ml Pflanzenöl • 600 g Zucker • 1 TL Vanilleessenz • 5 Eier (Größe L) • 300 ml Milch

SCHOKO-PFEFFERMINZ-CREME

300 g Puderzucker • 60 g weiche Butter • 50 g Kakao • 1 EL Milch • 1/2 TL Pfefferminzaroma • 60 g Zartbitterraspelschokolade

ERGIBT 10–12 STÜCKE • **ZUBEREITUNG** 20 MINUTEN • **GARZEIT** 85–95 MINUTEN

Schokokuchen mit Schoko-Pfefferminz-Creme

KUCHEN **1.** Den Backofen auf 180 °C vorheizen. **2.** Eine Kranzform (28 cm Ø) mit Butter einfetten. Mit Mehl ausstäuben. **3. Mehl,** Kakao, Backpulver und Salz in eine große Schüssel sieben. **4. Butter,** Öl, Zucker und Vanilleessenz mit dem Handmixer bei mittlerer Geschwindigkeit cremig rühren. **5. Die Eier** einzeln sorgfältig einarbeiten. **6.** Bei niedriger Geschwindigkeit abwechselnd Mehlmischung und Milch unterrühren. **7. Den Teig** in die vorbereitete Form füllen. **8.** Im Ofen 85–95 Minuten backen. Zur Garprobe einen Holzspieß einstechen; er sollte trocken und sauber wieder herauskommen. **9. Den Kuchen** mit einem Messer vom Rand der Form lösen und 10 Minuten abkühlen lassen. Auf ein Kuchengitter stürzen und vollständig erkalten lassen.

SCHOKO-PFEFFERMINZ-CREME **10. Puderzucker** und Butter mit dem Handmixer cremig rühren. Kakao, Milch und Pfefferminzaroma einarbeiten. **11. Den Kuchen** damit einstreichen und mit der Raspelschokolade bestreuen.

Schokolade und Pfefferminz sind eine klassische Kombination. Sie können das Pfefferminzaroma für die Creme aber auch weglassen.

● Wenn Sie dieses Rezept mögen, probieren Sie auch den Weißen Schoko-Rührkuchen auf Seite 118.

Register